JN204947

軍艦島 池島
長崎世界遺産の旅

文・構成

黒沢永紀

写真

酒井 透 ／ 黒沢永紀

軍艦島 池島 長崎世界遺産の旅

軍艦島 & 池島
ワンデイツアー

軍艦島はすごいけれど、もっとすごい体験をしませんか?

この本で読者のみなさんにおススメしたいのは、世界遺産の軍艦島と九州最後の炭鉱だった池島の2島巡り。その最大の特徴は「補完計画」! お互いの島の足りない部分を補いつつ、それを1日で巡ってしまおうというもの。題して「軍艦島＆池島ワンデイツアー（以降「GIツアー」）」。かつてはやろうと思ったらすごく大変でしたが、旅行会社の協力のもと、みなさんに気軽に体験していただけるようになりました。

2015年に世界遺産に登録されて以来、その知名度が俄然アップした軍艦島は、連日見学上陸の観光客で賑わっています。しかし、軍艦島の観光上陸を行なっている船会社は全部で5社。しかも各社で午前と午後の2回の上陸があるので、1社あたりの上陸時間は30分から長くても40分。これでは、ゆっくり鑑賞す

るにはちょっと短いですね。さらに、軍艦島の最大のウリである、外海側に林立する住宅群は、上陸前ないし上陸後の周遊で船上から見るだけ。そこで、GIツアーでは、軍艦島を、周遊だけにして、海上からたっぷり住宅棟群を見学することにしました（おいしいスポットはバッチリ撮影できます）。

また、炭鉱遺産といいながら、軍艦島には炭鉱施設がほとんど残っていません。これは、1974（昭和49）年の閉山のあと、経営会社だった三菱鉱業が、おもに産廃業者をターゲットに売りに出したことが最大の原因。再利用できる炭鉱の設備や鉄材は、北海道などの系列炭鉱へ転用し、それ以外の炭鉱関連施設を自主的に解体した結果、閉山から約半年後には、現在とほぼ同じ姿になっていました。その後の台風などによる自

然災害で崩壊した部分もありますが、軍艦島の炭鉱施設が爆撃を受けた戦地の様相をしているのは、こういった経緯があったからです。

唯一、外海側に建ち並ぶ住宅棟群は、転売後の業者が住めるようにとの配慮から残すことに。そして三菱は、閉山から27年間転売ができなかったら、無償譲渡する契約を行政と交わしていました。結局27年間買い手がつかず、軍艦島は長崎市へ無償譲渡され、こうして国内でも稀にみるゴーストタウン・アイランドが誕生したわけです。

軍艦島の最大のウリともいえる外海側の炭鉱アパート群は、国内はもとより海外を探してもめったに見ることのできない絶景。同時に、明治維新から高度経済成長の終わりまで操業した軍艦島は、まさに日本の近代化の象徴です。

いっぽう池島は、21世紀まで炭鉱が操業していた九州最後の炭鉱島。閉山後も、2008年頃まで海外の技術者向けの研修センターとして操業していたので、池島炭鉱が完全に動かなくなってからまだ10年前後しか経過していません。そのおかげで、島内には石炭の生産工場から炭鉱アパート、そして商店街や歓楽街など、炭鉱街の全てが遺っています。鉄でできた炭鉱施設や巨大な重機の数々。懐かしい昭和の団地を思い出す炭鉱アパート。それらが島の大自然と融合して、まれにみる異空間を創り出しているのが池島です。

しかも、軍艦島と違って、島内の多くのエリアを自由に散策できるので、フォトジェニックな島内を思う存分に満喫できるのも池島の魅力の一つ。加えて、実際の坑道を見学できるのも池島の最大のウリ。リアルな機関車に乗って実際の坑道を見学ができるのは、国内でもこの池島だけ。ただし、高度経済成長の初めに創業した池島には、軍艦島のように日本の近代化の歩みを観ることはできません。

このように、軍艦島と池島の2島を巡ることで、お互いの足りない部分を補い、究極の炭鉱体験を可能にしたのが軍艦島＆池島ツアーなのです。

さらに、ワンデイツアーの名の通り、軍艦島の周遊と池島炭鉱の丸ごと体験が1日でできてしまうのもこのツアーの特徴。軍艦島の周遊や池島の坑内見学を個人で申し込んで、一般の交通機関を使った場合、決して1日では巡ることのできない行程です。長崎の海運の不便さはそうとうなものです。しかし。ワンデイツアー専用の船が就航したことによって、軍艦島から池島へわずか50分！国内で最も不便な観光地＝「新秘境」といわれる池島が、グッと身近になりました。この本では、GIツアーで巡る数々の遺産を、ツアーでは見ることのできない非公開の部分も含めてご紹介してゆきます。

軍艦島　早すぎた未来都市

軍艦島全景

長崎県の西岸沿いの海底には、国内最良の石炭が眠る西彼炭田があり、20世紀には、沿岸の島々のほとんどが石炭の採掘拠点として栄えていました。軍艦島はその最南端に位置し、明治維新から高度経済成長の終わりまで、主に三菱鉱業が経営した、石炭黄金期を爆走した炭鉱です。

軍艦島の最大の魅力は、林立する炭鉱住宅群にあります。国内初の鉄筋集合住宅30号棟（1916年）をはじめ、建設当時国内最高層の日給社宅（1918年）、離島建築で初めて地下が施工された66号棟（1940年）、そ

して島内最大の建物65号棟（1945年）など、前例がなく、かつ日本の鉄筋集合住宅史上に燦然と輝く逸品ぞろい。これらの建物はいずれも大戦間時代、すなわち第一次世界大戦と第二次世界大戦の頃に建設されました。鉄砲や戦車など、製鉄に必要な石炭を増産する労働力確保のために建てられたもの。軍艦島とは、戦争とともに発展した炭鉱だったのです。

戦後復興から高度経済成長の時代には島民数がピークを迎え、狭い島に5,000人以上の人が暮らしまし

た。この時の人口密度は今でも世界最大。行商が並ぶ商店街は、毎日が年末の繁華街のような賑わいだったといいます。国内初の海底水道や国内初のドルフィン桟橋など、最先端のインフラが整備され、家電三種の神器の普及率が最速を誇ったのもこの時期でした。最先端の建物とインフラ、そして全てのライフラインを外部供給にたよった軍艦島は、まさに早すぎる未来都市だったといえるでしょう。

面積:0.06㎢
周囲:1.2km

160m

480m

松島炭鉱
崎戸炭鉱
松島炭鉱
ハウステンボス
池島炭鉱
長崎空港
西彼炭田
[西彼杵黒ダイヤ列島]
長崎市
横島炭鉱
高島炭鉱
中ノ島炭鉱
有明海
端島炭鉱
[軍艦島]
N

30号棟はニッポンのマンションの原点

時化ると波しぶきが降りそそいだ潮降街

海上に中ノ島（右）と高島が見える最頂部からの眺望

1年中動き続けて炭鉱マンの命を守った換気施設

島内の建物を隅々まで繋ぐ渡り廊下

池島　究極の炭鉱都市

池島全景

いっぽう池島炭鉱は、西彼炭田のほぼ中央、東シナ海に面した外海地域の沖合約７キロに浮かぶ池島の、ほぼ全域を社有地とした炭鉱です。高度経済成長のはじめから２１世紀の初頭まで、三井系の松島炭鉱が経営した、九州最後の炭鉱でした。

軍艦島の後を継ぐように創業した池島炭鉱は、エネルギー革命のまっただ中を疾走した炭鉱です。石炭から石油へ、国内の石炭から輸入炭へ、国のエネルギー政策が石炭にとって逆風の時代に、国内の石炭産業の生き残りをかけた最後の闘いに挑んだ炭鉱だったといえます。

国内初の海水淡水化装置や、国内初の石炭選別機、そして世界最速の坑内電車や巨大な重機の数々によって、採掘から出荷までほぼオートメーションで行われていた池島炭鉱は、国内の炭鉱技術が辿り着いた終着点でしたが、それは同時に、度重なるコスト削減の産物でもありました。

しかし、職場の親方が暴利をむさぼった明治時代の納屋制度や戦中の徴用工問題、そして明治から昭和30年代初頭までの遊廓。さらに炭鉱史を通しての大規模な産業事故。これら炭鉱にまつわる"黒歴史"がいっさい無かった池島炭鉱は、日本の炭鉱産業が夢見た理想の形が結実した炭鉱都市でもあったのです。今、遺された工場群と住宅群が離島の自然と融合し、唯一無二の異空間を創り出しています。

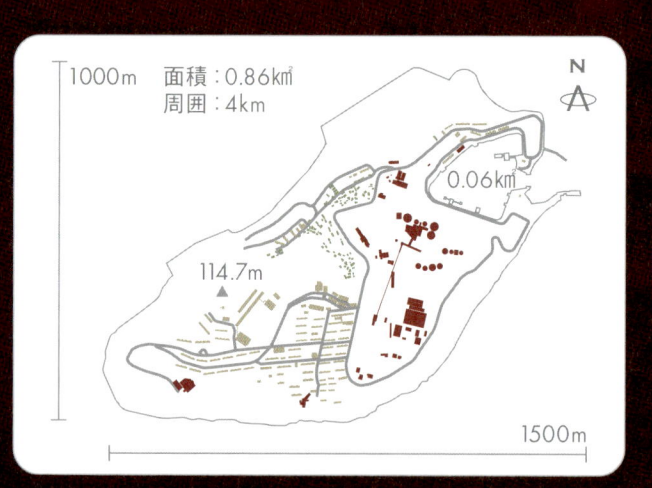

1000m　面積：0.86k㎡　周囲：4km
0.06km
114.7m
1500m

松島炭鉱
崎戸炭鉱
ハウステンボス
松島炭鉱
長崎空港
池島炭鉱
西彼炭田
[西彼杵黒ダイヤ列島]
長崎市
横島炭鉱
高島炭鉱
中ノ島炭鉱
有明海
端島炭鉱
[軍艦島]

夕闇にシルエットを浮かべる巨大重機のジブローダー

炭鉱のシンボル立坑櫓と石炭を運んだ炭車

地下720メートルを往来した第二立坑の昇降口

印象深い8階建て炭鉱アパート群

坑道で静かに眠る石炭層を掘り進んだロードヘッダー

11

GIワンデイツアーへ行こう!

世界遺産の軍艦島と炭鉱の街が総て遺る池島をたった1日で巡れる究極の長崎産業遺産体験、それがGIツアーです。

ツアーは春から秋にかけて、催行日限定で開催(2018年実績)。朝、長崎港を出港し、ほぼ丸1日のツアーを満喫して夕方に長崎港へ戻るプランです。遠方からの場合は、前日の最終便で入崎し、ツアー終了後に最終の飛行機便で帰ることも可能。忙しい現代人にはうってつけのツアーでしょう。さらに日程に余裕のある方は、軍艦島上陸ツアーをセットにするのがお薦め。2つのプランに参加すると、ディスカウントの特典もあり。

長崎産業遺産、完全燃焼です!

GIツアー航路図

一般交通機関の使用では1日で廻れない

09:00 長崎港を出港。

長崎港を出港した船はまず港内をゆっくりと航行し、2015年に世界遺産に登録された6個の遺産を見ていきます。長崎港は細長く幅が狭いので、湾の中央を航行するだけで、両岸の施設を見ることができます。

09:10

女神大橋を通過すると、一路軍艦島を目指してスピードアップ。軍艦島までの約20分は、船内でモニターを使った軍艦島のスライドショー。軍艦島の驚きのエピソードの数々を、軍艦島伝道師の黒沢が解き明かしていきます。特殊な炭鉱アパートの成り立ちや、戦後の軍艦島が成し遂げた数々の偉業を中心にした話は、このあと実際に見る廃墟軍艦島に命を吹き込むことでしょう。

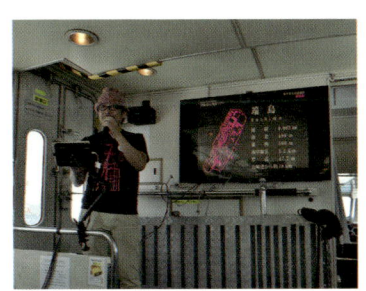

09:30 軍艦島に到着。

あっというまに軍艦島へ到着。スライドショーで紹介した施設群を実際にその目で見学。ゆっくりと周遊して迫力の軍艦島を体感したあとは、池島を目指します。

10:30 池島へ到着。

午前中は港エリアをかわきりに、炭鉱進出前から人が住んでいた郷地区下部、そして島で唯一の歓楽街だった郷地区上部を見学。特に元島民でもある森山ガイドのリアルな池島話は必聴です。

12:00 昼食。

昼食は、かつて単身寮でまかないを作っていた「かあちゃん」こと脇山さんによる「池島弁当」。午前中のウォーキングで疲れた体にパワーチャージしたら、午後の散策開始。ガイド付は、午前とは反対の東岸コースを回りますが、散策マップを片手に、島内探険を楽しめる自由散策も選択できます。

14:10 坑道見学へ!

坑道見学の準備室へ集合。いよいよ、実際の坑道見学です。ヘルメットをかぶり、ヘッドランプを装着したら、気分はもう炭鉱マン。池島の概要をまとめた内容の濃〜いビデオを見たら、いざ出発です。元炭鉱マンのリアルなガイドとともに進む真っ暗な地底坑道では、さまざまな体験が待ち受けています。

15:30

約1時間の坑道見学を終了後、再び明るい現実の世界へ戻ってきたら、装備を返却して帰路につきます。朝出発した常盤ターミナルを目指し、約50分で到着。下船した桟橋で解散です。

なお、このツアー料金には、軍艦島デジタルミュージアムの入館料も含まれていて、ツアーの前日、当日、翌日の3日間は無料で入館が可能。軍艦島と同じ、あるいは実際の軍艦島を越える体験ができる軍艦島デジタルミュージアムで、ワンデイツアーを締めくくるのもいいと思います。

① 軍艦島に到着して最初に見えてくる65号棟（➡P70掲載）

② 1918（大正7）年に建てられて今も健在の日給社宅（➡P72掲載）

③ かつて遊廓があったエリアに建つ31号棟（➡P78掲載）

軍艦島周遊

　軍艦島に到着したら、島の周りをゆっくりと周遊。船内で話したエピソードを、建物群を中心に、実際に見ながら航行します。戦中に建設された島内最大の建物65号棟からはじまって、100年前に国内最高層だった巨大珍建築や岩礁の頂上に建つ高級職員アパートなど、類を見ない特殊な鉄筋の集合住宅が密集する様子は圧巻の一言。分厚いコンクリートで覆われた護岸とともに、圧倒的な存在感で迫って来ます。

　外海側の住宅棟群を一通り見たあと、船は沖合へでて一旦停泊。軍艦島がもっとも軍艦島らしく見える場所から、じっくりと鑑賞タイムです。かつては竪坑の櫓が聳え、煙突から煙を吐いていたので、現在よりもはるかに軍艦のように見えたはず。しかし櫓や煙突がな

⑤

軍艦島俯瞰図

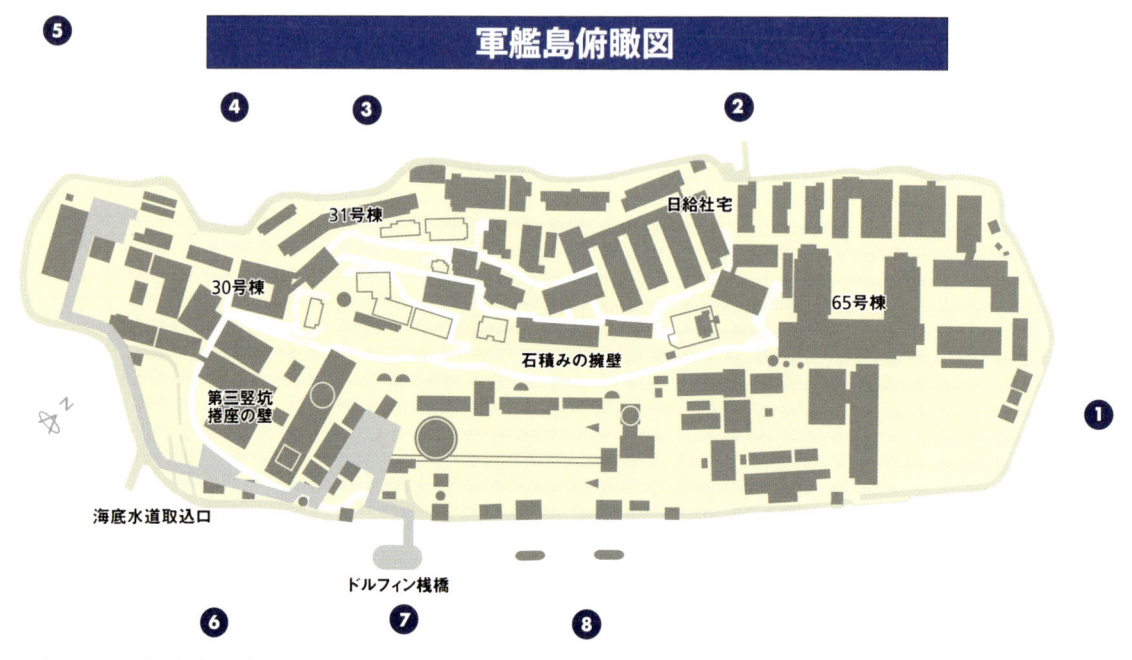

④　③　②

31号棟
日給社宅
30号棟
65号棟
石積みの擁壁
第三竪坑捲座の壁
①
海底水道取込口
ドルフィン桟橋
⑥　⑦　⑧

④ ニッポンのマンションの原点といえる30号棟（➡P76掲載）

い今も、軍艦に見えることにはかわり
ありません。日本で、いや世界で唯一
の光景です。

　後半は内海側へ回り込んで、おもに
炭鉱施設があったエリアを見学。国内
初の海底水道の取込口や明治時代の煉
瓦の壁、そして岩礁を包み込むように
造られた石積みの擁壁など、住宅棟側
とはまた全然違った軍艦島の姿が見ら
れます。

　なお、ワンデイツアーでは、軍艦島
には上陸しません。これは冒頭でもお
話しした、観光上陸でも住宅棟群は船
上からしか見学できないことに加えて、
現在観光上陸を催行する５社だけで上
陸可能な時間が埋まってしまい、あら
たな上陸船の枠をつくることができな
いという事情もあります。

⑤ もっとも軍艦らしくみえる沖合からの光景

⑥ 数少ない明治時代の遺産、第三竪坑捲座の赤い
煉瓦壁（P88掲載）と島民の命を守った国内初の海底
水道の取込口（➡P84掲載）

⑦ 特殊な自然環境と闘い続けた記憶が眠る、国内初
のドルフィン桟橋（➡P86掲載）

⑧ 中央に聳える岩礁を覆った石積みの擁壁は軍艦
島最大の世界遺産（➡P82掲載）

② 火力発電所(➡P30)

❶ 港から見える石炭生産工場(➡P24)

❸ 歓楽街のあった郷地区(➡P34)

❹ 炭鉱のシンボル立坑櫓(➡P36)

⑤ 炭鉱街の中心だった新店街(➡P47)

⑥ 炭鉱アパートエリア(➡P40)

⑦ 展望台から眺める第二立坑(➡P38)

池島散策

　軍艦島と違って、池島は島の多くのエリアを自由に散策できます。港の周辺に遺る石炭の生産工場や数々の巨大重機、島の高台に広がる80棟にもおよぶ炭鉱アパート群、そして操業時から使われていた共同浴場や各種施設など、

池島俯瞰図

港浴場　桟橋　開発センター　池島港　龍神様　郷地区プール　② 変電所跡　選炭工場　排気立坑　鉱業所　❶　③　⑭　老人憩の家　公営住宅地域　❸ 絶景ポイント　ボタ軌道跡　四方岳　⑫　⑤　④　⑨　菜の花ロード　⑩　⑧ 東浴場　⑥　⑪　⑦　第二立坑　公営住宅地域

❽ 昼食を食べる市場（➡P44）

❾ イザナミと山の神を祀った池島神社（➡P48）

❿ 印象的な8階建て炭鉱アパート（➡P42）

炭鉱の街がまるごと封印された池島は、操業停止から十数年経過した今でも、圧倒的なパワーで迫って来ます。

　基本的には午前中の1時間半と昼食後の1時間半の合計3時間。ガイド同行でのウォーキングですが、午後の時間は自由行動も選択可能。じっくりと写真を撮影したいとか、一人で散策しながら無人島気分を味わいたい、という方は散策マップを片手に、島内を探険するのもいいでしょう。

　ただし島内はイノシシやマムシが多く、夏場は虫も多いので、くれぐれも注意が必要。特に草藪の濃い所へは近づかない方がいいようです。また、池島には現在も100人強の島民の方々がお住まいなので、その点も留意してのウォーキングに心がけましょう。

⓫ 「御安全に」の看板（➡P48）

⓬ 草に埋もれる幼稚園の遊具（➡P46）

⓭ 角力灘の絶景（➡P49）

⓮ 巨大な恐竜のようなジブローダー（➡P49）

GIワンデイツアーの参加方法と船舶紹介

GIツアーを催行しているのは、軍艦島観光上陸ツアーを行っている軍艦島コンシェルジュ。長年たくさんのお客さんを島へ案内して来た実績を生かし、GIツアーをアテンドしています。スタッフは元気一杯の方々ばかり。乗下船のアシストはもちろん、船酔いをはじめとした体調への気遣いや池島島内でのサポートなど、万全のケア体制で臨んでくれます。

元気一杯の軍艦島コンシェルジュスタッフ

常盤ターミナル

出港桟橋は、長崎港の常盤ターミナル。長崎港でもっとも多くの船が発着する大波止桟橋より南寄りに位置します。軍艦島コンシェルジュの乗船窓口では、各種グッズ販売も充実。関連書籍をはじめ、バリエーション豊富なTシャツやトートバッグや小物類。お菓子からお酒まで、すべて軍艦島と池島関連のものばかり！ まだ池島のグッズは少なめですが、今後徐々に増えていくことでしょう。

物量に圧倒される軍艦島コンシェルジュ乗船受付所の販売コーナー

常盤ターミナル情報

長崎駅からタクシー：約6分。路面電車：正覚寺行乗車 → 築町〈乗換石橋行〉→ 大浦海岸通下車 **長崎空港から** 車：長崎IC →〈ながさき出島道路〉→ 大浦海岸通交差点。バス：出島道路経由茂里町行 → 長崎新地ターミナル下車 → 徒歩10分。

常盤桟橋に停泊するマーキュリー号

マーキュリー号の船内

マーキュリー号のデッキ席

Gｌツアーで乗船する船は、軍艦島コンシェルジュ所有の船の中でもっともスピードがでる「マーキュリー号」。定員140名のクルーズ船で、2階デッキもある眺望抜群の船。揺れを軽減するジャイロスタビライザーを搭載しているので、船酔いも安心です。船内の大きなモニター画面で、往路の軍艦島と池島スライドショーをご覧頂けます。

ツアー料金の大人9,500円（小学生7,500円）は、一見高そうに思えますが、軍艦島の周遊と池島の坑道見学、軍艦島デジタルミュージアムの入館料に昼食付。さらに丸1日ガイドとスタッフが付いてアテンド。個別に申し込んで一般の交通機関を使った場合よりはるかにリーズナブルな価格設定です。さらに、個別の申し込みの場合、1日で回ることのできない行程です。

軍艦島の前に停泊するマーキュリー号

お申し込みとツアー詳細はこちら　https://www.gunkanjima-concierge.com/plan04/index.html

お問い合わせはこちら　095-895-9300　　軍艦島コンシェルジュ　www.gunkanjima-concierge.com

Chapter 2
体感! 新秘境
池島炭鉱跡

GIツアーのマーキュリー号が停泊する池島港

池島巡りは港から

池島の玄関口となる池島港は、かつて砂洲で囲まれた「鏡池」を改築した港で、面積は約0.06平方キロメートル。これは軍艦島の面積とほぼ同じ。池の名前は、三韓征伐で知られる神功皇后が立ち寄った際に、池に姿を写したことが由来といわれます。築港の前は水深1メートル前後で、田エビなどが繁殖するドロ沼だったとか。炭鉱開発の決定とともに浚渫がはじまり、約2年の歳月をかけて完成しました。5,000トンの石炭運搬船が常時停泊できるように、干潮時でも8メートルの水深をキープしています。

長閑な池の時代（中央会館の展示物より）

完成直前に防潮壁が決壊し、自然に港が出来上がってしまった時の様子（中央会館の展示物より）

港に横たわる巨大重機群

巨大な恐竜を連想するジブローダー

池島の異空間の一つは港の光景です。入港するときからすでに視界に入る巨大な重機の数々。それらはすべて製品となった石炭を石炭運搬船へ積み込むための設備でした。

まず、港の東端に鎮座する、巨大な恐竜のような姿をした重機はジブローダーといって、製品となった石炭を収集し、石炭の船積み機へと通じるベルトコンベアへ排出する機械。レールの上を移動しながら、昆虫の口のような動きをするツメが石炭をかき込み、本体の下からベルトコンベアへ投下する構造です。

ジブローダーの斜め上に停車する、ジブローダーより小振りの重機は、生産工場で製品となった石炭を貯炭場へ積み付けるスタッカー。こちらの機器も、ジブローダーに負けず劣らず、昆虫を連想させる姿をしています。

港の中央に固定されて、斜めの首を港の中へ伸ばしているのは、シップローダーとよばれる石炭の船積み機。先端に装着されたトリンマーが運搬船まで降下し、360度回転しながら5段階の噴出力で、船倉にまんべんなく石炭を搭載する機器でした。5,000トンの運搬船を満載するのに、約10時間もかかったそうです。

石炭の搬出は鉄道を使うことが一般的ですが、離島炭鉱だった池島の出荷は船積みだったので、このような巨大な装置が必要でした。軍艦島をはじめとした長崎の多くの炭鉱は離島で操業したため、出荷方法も池島と同じく船積みによるもの。鉄道による出荷よりはるかにコストのかかる設備投資を実現できたのは、ひ

先端にトリンマーを装着したシップローダー

海水を取り込んだ取水施設

さながら巨大な昆虫のようなスタッカー

一般の離島では見られない異空間

とえに長崎の石炭の質がよく、高値で取引できたからにほかなりません。

また、シップローダーの横には海水の取水施設も遺っています。発電所の項で触れる、海水淡水化装置へ供給する海水を汲み上げていた施設の跡で、給水船からの揚水にも使われていました。

一般の離島ではけっして見ることのできない光景が広がる池島港。そこには、20世紀のニッポンを支えた炭鉱文化のリアルな姿が遺っているといえます。

池島港の斜面にへばりつくように建ち並ぶ鉄の工場群。これが、掘り出した石炭を製品に加工していた「選炭工場」です。掘り出された石炭は、そのまま出荷するのではなく、ボタ（廃石）を取り除いたり、ブレンドしたりして、初めて出荷されます。その製品にする作業を行うのが選炭工場。その昔は、ボタを目で見て選り分けたりしていましたが、池島炭鉱の選り分けは、完全な機械化でおこなわれていました。特に後年はオリジナルで製作した選別機を使用するなど、池島炭鉱は、いわば国内の炭鉱がたどり着いた究極のハイテク炭鉱だったといえます。

そして池島炭鉱の設備がハイテクを極めたのは、ひとえに生産効率向上のため。国のエネルギー政策のあおりを受けて、年々厳しくなる石炭産業。その逆風に対抗すべく、人員削減とオートメーション化、そして高効率化を目指した結果でもありました。

地上へと運び出された石炭は、まず斜面の頂上部に横たわる11個の巨大なポケットを持った原炭ポケットへ、成分別に蓄えられます。その後、おおまかな不純物を取り除いて破砕し、細かくなった石炭は水や油に浮かせて選別。シックナーと呼ばれる巨大水槽で沈殿や濃縮され、再び工場内でブレンドや選別が行われて、最後の脱水やフィルタリングを経て貯炭場へ積み上げられます。

操業停止から約10年が経って施設は老朽化し、残念ながら選炭工場の見学はかないません。次頁で、かつて操業していた時の様子を少しお伝えすることで、選炭工場がどういうものかお分かりいただけるかと思います。

池島港の対岸から見る選炭工場全景

石炭生産工場の全貌

上空から見た選炭工場（写真：オープロジェクト）

1
2
3
4
5
6
7
8
9

6　選炭工場の運転や監視をおこなっていた集中制御室

7　坑内から出る水を利用して、おもに一般炭を選別する廃水シックナー

1 最初に石炭を貯蓄する角型原炭ポケット

2 石炭の破砕と選別を同時におこなうブラッドフォードブレイカー

3 角型原炭ポケットと異なる成分の原炭を貯蓄するサイロ型原炭ポケット

4 後年に導入された微細なフィルタリングをおこなえるフィルタープレス

5 波をおこした水槽で石炭を選別するバウム水選機。左に並ぶ筒状の装置が、水面の波形を自由な形に作り出せるバリウェーブの発生機

8 石炭の油に浮く性質を利用して選別する浮遊選鉱機。通称浮選機。二箇所で鋲止めされた細長いヘラが回転して、浮いてきた石炭を回収する装置

9 微粉炭の濃縮をおこなう原炭シックナー

港地区の見どころ

港界隈の見どころは、船積み施設や選炭工場だけではありません。坑道見学の際に乗車するトロッコの発着所の周囲には、広い芝生が広がっていて、何匹ものヤギが草を食んでいます。実はこれらのヤギは、閉山後の島内に繁殖したイノシシ対策で池島へやってきました。近年、増加するイノシシの被害に対して、長崎県では、ヤギに草を食べさせてイノシシの隠れる場所をなくす作戦に取り組んでいるとか。当初2匹だったヤギも2018年春の時点で6匹。とても人なつこいヤギたちにしばし癒されます。ハードな選炭工場を背景に、かわいいヤギを撮影するのも、楽しいひとときでしょう。

ヤギ広場の外れに建つ屋根の大きな平屋は、炭鉱の操業時に使われていた「港浴場」。池島にはいくつかの共同浴場があり、浴場ごとに入浴できるエリアが決まっていたので、地区浴場とよばれていました。地区浴場はおもに炭鉱で働く人以外が利用した施設で、入浴料はただ。入浴時間に制限があったので、最盛期にはいつも混雑していたようです。ちなみに炭鉱マンは、仕事上がりに鉱業所内の大きな炭鉱風呂に入り、家に帰る時はいつもサッパリしていました。港浴場は現在も営業していて、100円で入湯できます。

ヤギの広場と道をはさんで反対側に1棟だけ建つ木造の平屋は、炭鉱創業時に建てられた、おもに協力会社（下請け）の家族が住んだ木造炭住。池島炭鉱では、創業当時から基本的に鉄筋コンクリートの炭鉱住宅が建設されましたが、これはいくつか建設された木造炭住のうちの1棟です。後年は隣接するガソリンスタンドのオーナーが住んでいました。

木造炭住の裏には、広大で平坦なボタ浜が広がっています。土地の狭い離島ではボタ山ではなくボタ浜。これは軍艦島もおなじで、離島炭鉱らしい風景といえるでしょう。

イノシシ対策でやってきたとても人なつこいヤギ

港エリアにある「殿(との)のヤグラ跡」は、大村藩の時代、外来者をもてなした櫓があったとされる場所

港の北側にあるボタで埋め立てられた広大な海岸

炭鉱創業時の木造炭住

港浴場の男子浴室

港浴場の外観

フォトジェニックな発電所

真っ赤に錆び付いた電気集じん機。

淡水化装置が設置されていた基礎

　選炭工場を横に見ながら港沿いに歩くと、やがて見えてくる真っ赤に錆びついた巨大プラントは、炭鉱から産出した石炭を再利用して稼働していた自家発電所の跡です。発電所が建設される前の電力は、海底電線ケーブルで対岸から供給されていました。しかし離島という特殊な環境と有事の際の電力を確保するために、1967（昭和42）年に建設。最先端の炭鉱施設と海底の大工場といわれた地底の坑道、そして最盛期8,000人弱の島民の電力を生み出す頼れる発電所でした。

　発電所の中で最もフォトジェニックなボイラー棟は、錆び付いた鉄骨や崩れゆく複雑なチューブが印象的です。隣接する白い壁に覆われた発電棟では、ボイラーで熱せられた蒸気でタービンを回転させ、発電機で電気を生み出していました。

　特筆すべきは、併設していた国内初の海水を淡水に変える「海水淡水化装置」。港から取り込んだ海水を、8段フラッシュとよばれる8段階の蒸留で真水に変える装置でした。人工的に作り出した水ながら、その

お味はとても美味しかったようです。淡水化装置が完成する前の水は、給水船によって供給されていました。しかし400トンの船が1日5往復しても追いつかず、さらに海が時化ると給水船の欠航もしばしば。離島でのライフラインの確保がいかにたいへんなことかを教えてくれる発電所です。

　閉山と同時に発電所も停止し、錆び付いた建屋の中にはけっして動くことのないボイラーや発電機が静かに眠る巨大プラント。ピカピカに輝いていた外壁も、腐食が進行して崩壊しつつあり、時の流れを感じざるをえません。

絶妙なバランスを保っている錆び付いたダクト

操業時の淡水化装置（中央会館展示物より）

発電棟の中に眠る発電機（手前）とタービンは東芝製（非公開）

敷地内から見上げるボイラー棟（非公開）

発電所の中はこうなっている

ブルーアッシュのパネルがレトロフューチャーな配電盤（非公開）

　閉山して約20年経過した発電所の中には、今でも操業時の施設が静かに眠っています。発電所といっても島内の電力だけをまかなっていたので、ボイラーやタービン、そして発電機は、一般の水力発電所や火力発電所ほど大きくありません。しかし、ニッポンの高度経済成長を根底から支えた池島炭鉱の心臓として働いたオーラを、今でも放っているように思えます。また棟内にある、アナログなインジケータやスイッチを無数にまとったコンソールは、まさにレトロフューチャー。ブルーアッシュのパネルに時代を感じます。

　また、道を挟んで反対側にある2基のタンクは、発電所から排出されたフライアッシュ（燃焼時にでる灰）の貯蔵庫。セメントを混入して、石炭を掘ったあとにできる空洞を埋め戻すのに使われました。

　さらに、発電所で発生した水蒸気は、島内に巡らされた蒸気管を通って、何箇所かの地区浴場のお湯を沸かすのに使われたり、単身寮の炊事や暖房、工場での部品洗浄に使われるなど、燃えかすから蒸気まで総てを使い尽くす、まさにエコな発電所でした。

　なお、閉山後は海底ケーブルによって送電され、近年までは変電所で変電されてから島内へ供給されていました。現在は弱電力の送電によって、直接島内で消費されています。

発電所で排出されるフライアッシュを貯蔵するタンク

フライアッシュタンク棟の室内（非公開）

歓楽街を歩く

様々な商店で賑わった郷地区の下部

炭鉱といえば歓楽街。過酷な労働で疲れた心と体を癒すのは、やっぱり呑んで語らうことでしょう。池島の歓楽街は、発電所を越えて海岸沿いの道を進んだ島の中央北寄りの地域、「郷地区」とよばれるエリアに集中していました。島内のほとんどのエリアが炭鉱の所有地になっていったなか、唯一ずっと民有地だったのがこの郷地区。炭鉱景気にあやかろうと、操業時はたくさんのスナックや小料理屋、そしてパチンコ店が軒を連ねていた場所です。こぢんまりとした造りの店が多く、利用者はおもに単身の炭鉱マンで、鉱員の奥さんがこのエリアで呑んだという話はあまり聞きません。

特に郷地区下部の木造住宅が密集しているエリアは、炭鉱進出前から人が住んでいた地域。長崎県の離島という土地柄もあって、キリシタン潜伏の歴史もあり、江戸時代には見張り小屋を設けて、外防にあたっていた記録も残っています。炭鉱の進出までは、おもに長期出張型の海運に従事した人々が住んでいました。炭鉱の進出によって、おとうちゃんが毎日家にいられる喜びから、炭鉱就労への申し出を快く受け入れ、もともと住んでいた働き手はみな炭鉱へ就職したそうです。郷地区の下部にも歓楽街が点在しているのは、炭鉱の発展とともに、上部の土地だけではおさまりきれず、後年に進出した名残といわれています。

また、郷地区にいく棟か建ち並ぶアパートは、炭鉱アパートではなくて公営のアパート。学校の先生や公的機関で働く家族が多く住んでいました。福祉施設の老人憩の家の前には、かつてのサラ金の建家が今も遺ります。給料の高い職場だからこそローン会社があるのは世の常ですね。

郷地区の一角に集められたパチンコ台

2槽ある規模の大きな郷地区のプール。隣接してタイヤを防風壁にした通称「タイヤのグラウンド」もあります

近年まで営業していたスナック「マキ」

マホガニーで統一され、昭和まっしぐらだった
スナック「マキ」の店内

「マキ」の裏に遺る、駐在所のおまわりさんが住んでいたアパート

郷地区で最後まで営業していた店舗
「理容まえかわ」

外装が比較的綺麗なスナック「千代」

炭鉱のシンボル 立坑櫓

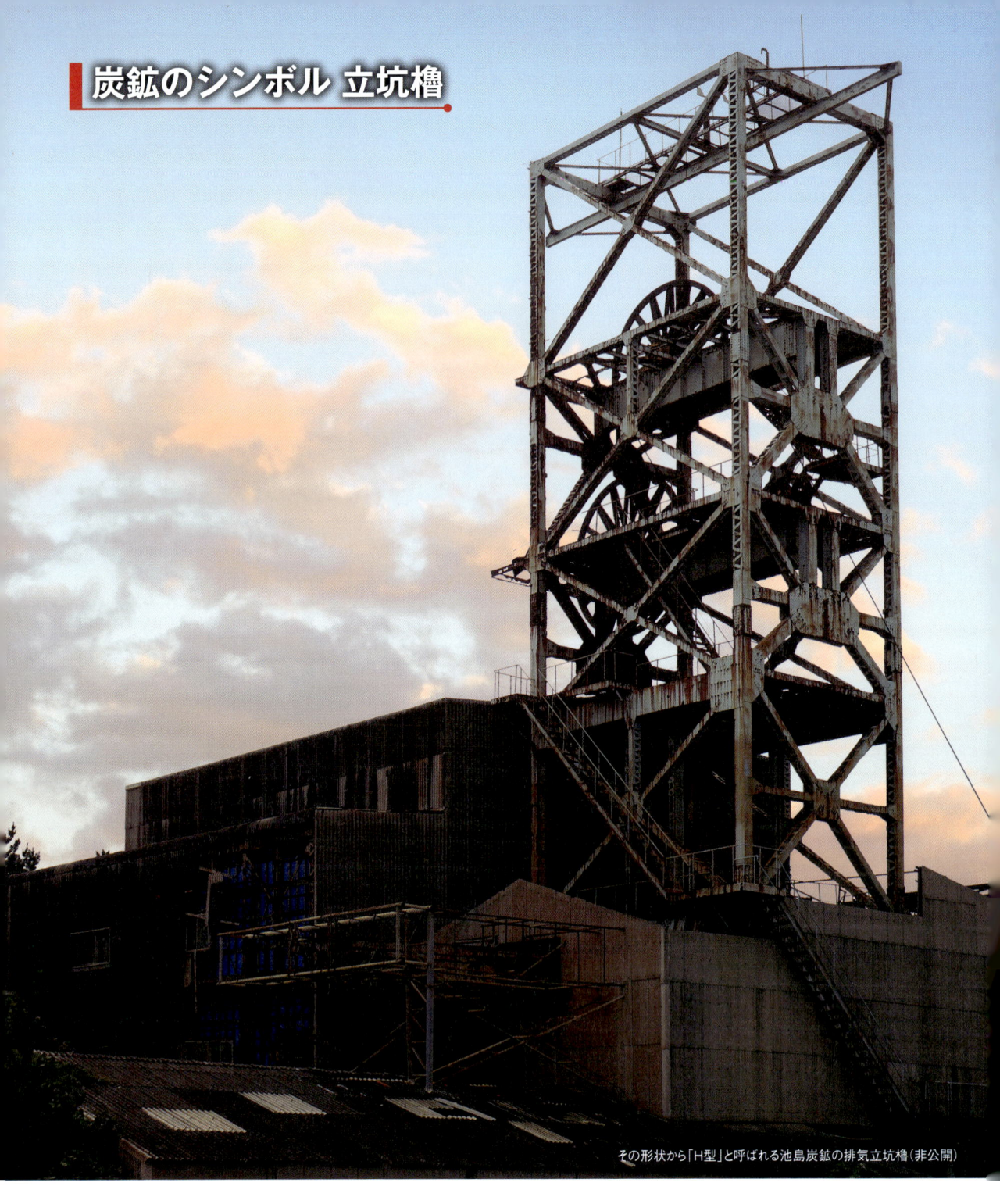

その形状から「H型」と呼ばれる池島炭鉱の排気立坑櫓（非公開）

[排気立坑]

　郷地区の急な坂道を登り切って県道へ出ると、炭鉱のシンボルともいえる立坑櫓が見えます。池島炭鉱で最初に造られた排気立坑の櫓で、その名の通り、坑内の換気のために建設された立坑の上に建つ櫓です。櫓の麓には深さ640メートルの垂直に掘られた竪穴があり、井戸の原理を応用したケージとよばれるエレベーターの籠で地底と行き来しては、石炭やボタを地上へ運び出したり、時には人員も運搬していました。

　石炭を乗せて上がって来たトロッコは、待機する別のトロッコに押し出されて先へ進み、石炭を放出した後に再び自動的に坑口まで戻ってくる仕組みです。また、坑口付近には巨大な扇風機が設置されていて、坑内の空気を吸い出していました。炭鉱の坑道の空気循環は、吸い出しによる空気循環が特徴です。

　立坑建設から約50年。炭鉱のシンボルは満身創痍ながら健在。その姿は、静かな眠りにつく老兵のようでもあります。

排気立坑櫓とボタ運搬の高架橋。立坑から運び出されたボタは、トロッコでこの高架橋を通過し、島北端の埋め戻し区域へと運ばれていました

排気立坑を通って運ばれてきた坑内の循環空気の排気塔（非公開）

櫓の下に安置されたメンテナンス用のケージは錆び付いていまにも崩れ落ちそう（非公開）

そそり立つ第二立坑の勇姿（非公開）

［第二立坑］

　島の南西の高台にある展望台からは、後年の主力坑道だった第二立坑の櫓が見えます。排気立坑と違って、斜めにそそり立つ太い鋼鉄製の櫓は、おそらく国内で最後に建造された大規模な立坑の櫓でしょう。国内の炭鉱では、最晩年に数基だけ建造されたタイプの櫓です。

　第二立坑は、後年に建設された立坑で、人員昇降のためだけに稼働したもの。深さは海面下650メートル、地上部分を合わせると720メートルにもおよび、27人乗りのケージが3段積み重なって、一度に81名を運ぶことが可能でした。降下や上昇の時間は約3分ですが、灯もなく前後の壁もないケージでの降下は、とても怖いものだったといいます。

　かつて真っ青だった塗装も、長年の風雪によってはげ落ち、足場の鉄板も腐食して抜け落ちている箇所が多々あります。三池炭鉱にある万田坑の竪坑櫓が塗装し直されたように、この櫓も一日も早い再塗装が望まれます。

第二立坑櫓の麓に眠るケージ（非公開）

今にも動き出しそうなピカピカの第二立坑の巻上機（非公開）

おもにメンテナンス作業の時などに使われた第二立坑の巻上機の操縦席
（非公開）

第二立坑の前に立ち、坑内作業の安全を見守る「女神像慈海」。平和公園にある
平和祈念像と同じ北村西望の作品（基本的には非公開）

多くの家族で賑わった炭鉱住宅エリア

整然と建ち並ぶ、初期に建設された炭鉱アパート群

軍艦島とちがって、炭鉱アパートや商店街があったかつての炭鉱街を自由に散策できるのも池島の魅力のひとつ。中でも約50棟が密集する高台の炭鉱アパート群は必見です。すべてのアパートが、階段踊り場の両側に居室を設けた「階段室型」のアパート。戦後から昭和30年代にかけて、国内でたくさん建設された、もっとも「団地」らしい建物と同じ形のものです。

池島の炭鉱アパートは、1番から連番で番号が振られ、途中歯抜けになりながら130番台まであります。2桁までのアパートは鉱員用のアパートで、3桁のアパートは職員用のアパート。特に若い番号のアパートは炭鉱進出の時に建てられた、池島では最も古いアパート群です。また3桁のアパートは、番号が大きくなるにつれて職員の階級が上がると同時に建つ場所もすこしずつ高くなっていき、一番奥地に所長さんの社宅があります。所長さんの社宅だけは一戸建て住宅でした。操業後期、鉱員と職員の区別を廃止するなどして、労働意欲の向上に努めた池島炭鉱でしたが、どうやら棲み分けは徹底していたようです。

いくつかの単身寮もありました。職員単身者用の「池島寮」、鉱員の男子単身者用の「鏡寮」、女子単身寮、そして協力会社の単身者のための「港寮」。鉱員単身者用の鏡寮は、池島港の前身である鏡池から命名された、250名以上を収容できるマンモス寮。逆に、はす向かいに建つ女子寮はとても小規模な建物でした。2018年現在、港の近くにあった港寮以外は総て遺っています。

また、島の高台には、かなりの数の公営住宅があり、主に炭鉱アパートエリアの南寄りに集中しています。炭鉱アパートと違って、庭付きメゾネットタイプのものも多く、どちらかというと炭鉱アパートより快適な住環境のように見えます。

最盛期には8,000人近くの人が暮らした池島。いつも賑やかだった炭鉱住宅エリアも、今は風に吹かれて窓がカタカタと音をならすばかり。2018年現在、現役と見間違える外観のアパートもたくさんありますが、やがて軍艦島のようにボロボロに朽ち果てて行くのかもしれません。

木製サッシュが遺っている部屋も少なくありません

まもなく完全に植物に飲み込まれてしまいそうな9棟

住宅棟エリアに張り巡らされたライフラインの数々。かつては発電所から出た水蒸気を通す太い管もあり、そのおかげで冬でも蚊が飛ぶほどあたたかったそうです

池島の中で最大規模の男子単身者寮「鏡寮」

鏡寮の厨房。250人分の食事を作っていただけあって、かなり広い

島で一番高い四方岳より望む8階建ての夕景

特に就労家族が増加した1970年代に建設された8階建てと呼ばれる4棟のアパートは、旧ソ連時代の建物を連想させるような幾何学的な外観でひときわ目を惹きます。外観は他のアパートと違えど、中の構造は同じで、階段室型のアパート。8階建てにもかかわらずエレベーターがないのは、居室側の土地が崖状になっていて4階分の高さがあり、直接5階から入れるので、5階以上の住民も4階建ての感覚で昇降できるため。島内の炭鉱住宅では、唯一屋上へ出られたアパートです。

整然と窓が並ぶ8階建ての南に向いた居室側

スターリン様式を連想させる8階建ては見た目のインパクト大！

炭鉱アパートの内部見学

池島炭鉱では、かつての炭鉱マンの部屋を見学することも出来ます。これはワンデイツアーの行程メニューではなく、午前中の坑道見学だけを直接申し込む際に、オプショナルツアーを付けた場合の特典です。

炭鉱マン家族の部屋は、六畳と四畳半の2間に小さめのダイニングテーブルが置けるくらいのキッチンと水洗トイレの2DK。これは総ての鉱員アパートに共通です。職員のアパートはさらに部屋数が1部屋から2部屋多く、特に高級職員の居室には、お風呂も完備していました。

見学が出来る部屋に集められた品々は、実際に炭鉱マン家族が使用していた家具など。カラーはカラーでもダイヤルチャンネル式のテレビや脚付きの電気オルガン、そして90年代のタレントが表紙を飾る雑誌など、昭和から平成へ変わる頃の、それほど古くない時代へタイムスリップです。キッチンの棚には懐かしのボンカレーなどに混じってちゃんぽんの袋麺が並んでいるのはさすが長崎ですね。

畳張りに襖の典型的な和室

初期はコンクリート製で、後年にシステムキッチンに替わった台所

玄関に貼られたステッカー

部屋に残っていたちょっと懐かしい雑誌

壁の下半分をブルーに塗装した玄関

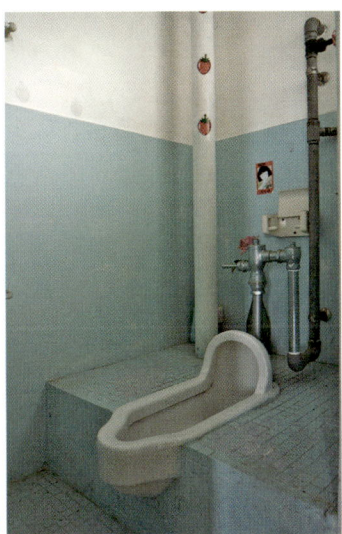

便所は総ての部屋に完備していました

How to Access　池島の坑道見学申し込み

長崎さるく：www.saruku.info/tour/gaku_01_1/
三井松島リソーシス：☎ 0959-26-0888

お昼ご飯は炭鉱の味

炭鉱と長崎と池島の3つの味を楽しめる池島定食

かあちゃんの店が入店する小売りセンターの外観

人数によってテーブルを増減できる内観

2018年現在、島内で食事をできる食堂は1軒。かつて協力会社の単身寮「港寮」でまかないを作っていた「かあちゃん」こと脇山鈴子さんが腕を振るう「かあちゃんの店」のみです。入店するのは島のほぼ中央に位置する「長崎市設池島総合食料品小売センター」の中。かつては建物の中をぐるりと囲むように軒を連ねた固定店舗と、中央のスペースに行商のおばさんが売りに来る野菜棚が並び、連日市場の賑わいだったことから、「市場」の名で親しまれていました。閉山後、少しずつお店は閉業し、現在営業しているのはかあちゃんの店1軒のみ。かあちゃんの店は、閉山後、島民からのたっての願いで開店した食堂です。

たくさんの炭鉱マンのまかないを作っていただけあって、そのお味は保証付き。特に人気メニューのちゃんぽんは、市内の有名店に勝るとも劣らない美味しさ。激盛りのトルコライスや、限りなく甘〜い味付けの丼ものなど、個性的なメニューも豊富。さらにGIツアー専用の定食も新メニューに登場しました。まかないで一番人気だった鳥の唐揚げにパリパリ麺の皿うどん、そして島内で採れるツワブキの甘辛煮を添えた「池島定食」は、炭鉱の記憶と長崎、そして現在の池島の総てを味わえるランチです。

かあちゃんこと脇山さん

人気No.1のちゃんぽん

チャーハンカツプレートと言った方がよさそうなトルコライス

店内に遺る、行商が野菜などを売っていた売台

甘〜い味付けのカツ丼

■ かあちゃんの店

🏠 長崎市池島町1597　📞 0959-26-1123　🕐 7:00〜18:00　不定休

島内を自由に散策

池島小中学校の全景。日本一廊下の長い校舎として、メディアに登場することもしばしば

昼食の後は自由散策の時間。散策マップを片手に、島内を自由に見学できます。

かあちゃんの店が出店する市場の向かいの広大な空き地は、かつて「商事」の愛称で親しまれた巨大ショッピングセンター「池島ストア」の跡地。炭鉱の系列会社であるマツシマ商事が経営したことからそう呼ばれていました。広大な敷地をふんだんに使った1階のスーパーと、2階にレストランやゲームセンター、そして催事販売コーナーなどを有した巨大な複合施設で、大人に限らず子供たちのたまり場でもあったようです。

市場や商事のはす向かいには、池島小中学校があります。細長い校舎の裏にもう1つ校舎が建つのは、最盛期に2,000人近くの生徒をかかえたマンモス学校だった証。体育館も小学校用と中学校および鉱業所用の2つがあり、プールも小中で別々など、その繁栄ぶりが偲ばれます。校門前の道路にある島内で唯一の信号機は、島を出た後、街の生活に不自由しないようにと、教育目的で設置された信号機でした。

学校の隣にある幼稚園の遊具

島内唯一の信号機

メゾネットタイプだった新店街の商店長屋

商事や市場のある一角から少し離れたところにある「新店街」は、個人商店と公共施設が集中するエリア。役場や交番、福祉センターや公民館などとともに、理髪店や寿司屋の入店した長屋商店街からボウリング場まであった人気スポットです。

福祉センターは、かつて中央会館と呼ばれた映画館の跡で、冠婚葬祭から催事販売までこなした多目的スペースでした。現在は、かつての映画館の名前を復活させ、池島中央会館として島内唯一の宿泊施設となっています。中央会館の1階講堂には、往年の写真や炭鉱マンの装備が展示され、池島の予習にもうってつけ。なお、ワンデイツアーは出航した港へ戻らなくてはならないため、そのままの宿泊はできませんが、お時間のある方は、別途池島を訪れて宿泊するのもお薦めです（中央会館に関しては、この章の最後に掲載）。

行政センターの池島出張所と簡易郵便局が入署する池島の中心地

新店街の裏に遺る池島ファミリーボウル。後年は柔道場として使われていました

池島神社の鳥居。扁額には白山比咩神社とあるので、元々の鳥居を移転したものだと思われます

池島小中学校のグラウンドを前にして右に建つ体育館の裏の道を下り、その先を再び登ると、池島の守り神「池島神社」へたどり着きます。もともと郷地区のはずれにあった白山比咩神社を、炭鉱進出による道路拡張の際に現在地へ遷座した神社。

元々のご神体である伊邪那美命（いざなみのみこと）に炭鉱の神様である大山祇命（おおやまづみのみこと）を合祀して池島神社になりました。

また、8階建てアパートの裏手にまわると、第二立坑事務所へショートカットで行ける通路があり、その途中に「御安全に」とかかれた看板が掲げられています。「御安全に」は、炭鉱に限らず鉱山全般、ひいては土木建設作業現場で使われる、安全確認の挨拶。ドイツ語の「ご無事で！」が由来といわれています。ちなみに帰りがけに見える裏側には「御苦労さん」。

池島神社の簡素な拝殿に掲げられた扁額

「御安全に」の標語が手書きで書かれた看板

風光明媚な角力灘

　高台に密集する炭鉱住宅エリアを抜けて、島の東側の県道から港へ向かうと、広い敷地に佇む巨大なプラントが見えてきます。これは、炭鉱の操業が終了したあとに、池島の産業活性化の目的で創業した池島アーバンマインという金属リサイクル事業の工場跡。メイン施設の不具合により、創業からほどなくして終業してしまいました。2016年のアーバンマインの終業で池島から完全に産業がなくなり、それまで営業していた酒屋さんや港のスーパーも相次いで閉店。今、池島は、大きな岐路に立たされているといえます。

　アーバンマインの工場を横目に緩やかな坂を下ると、右手に角力灘の美しい海原が広がります。海上に見える3つの島のうち、右端に見えるトンガリ帽子のような島が大角力。大小2人の相撲取りが取り組みをしているような姿の大角力は、その昔喧嘩ばかりする兄弟を縄にしばって海に放り込んだ怨念が岩になったという、ちょっと怖い伝説のある島です。また空気が澄んでいる日は、遠く軍艦島を見渡すこともできるので、目を凝らして見てみてはいかがでしょうか。

　やがてツアーの最初に港から見たジブローダーの裏側へとたどり着きます。スタッカーの高架レール越しに見るジブローダーは、港から見るのとはまた別の雰囲気。「A」型の脚越しに横たわるジブローダーは、フォトジェニックな光景です。

▲港からとは違った雰囲気をだすジブローダー

◀あえなく短命に終わったアーバンマインのプラント跡

国内唯一のヴァーチャル坑道見学

見学者を乗せていざ出発!

真っ暗な坑道を走るトロッコで、気分はインディアナ・ジョーンズ!

池島炭鉱では、操業していた時に使われていたリアルな機関車に乗って、実際に使われていた炭鉱の坑道を見学することができます。これは日本の全ての炭鉱跡の中でこの池島だけ。安全性を考慮して、操業時よりはるかにゆっくりとしたスピードで走る機関車ながら、サイレンの合図とともに動き出すトロッコの振動は、さながらテーマパークのアトラクションそのもの。

やがて入坑する坑道は、かつてボタを棄てるためにトロッコが往来していたトンネルを再利用したものです。ボタは、石炭を製品にする過程でできる不要な廃石で、何十輌ものトロッコを連ねて運び出されたボタは、島の北岸の埋設に使われていました。今でも港の周辺に建ち並ぶアパートの裏には、雑草だけが生える広大な埋立地が残っています。

坑内に入ると、外光に慣れた目にはとても暗く感じます。少しひんやりとして、湿度も高め。蒲鉾型に造られたトンネルの壁のいたるところから水がしたたり、水たまりができている箇所も少なくありません。トロッコはほどなくして終点へ到着。ここからは徒歩での見学となります。

最初は坑内に展示された、操業時のパネルや、坑内で使われていた各種の機器など、元炭鉱マンのガイドとともにリアルな池島炭鉱を予習。そして岩盤を掘り進む現場へと進みます。たくさんの坑木が埋め込まれたアーチ状の枠。ダイナマイトを充填する穴が無数に口を開ける岩盤。その横には炭層を掘り進む巨大なドリル（ロードヘッダー）や、掘削した土砂を運び出す重機（サイドダンプローダー）など、まるでジュール・ヴェルヌの世界に迷い込んだかのような錯覚を覚えます。

たくさんのダイナマイトを充填して掘り進む岩盤掘伸切羽

堀ケンさんは元炭鉱マンのガイドさん。お話が面白いととても人気です

石炭の層を掘り進んだ巨大重機
のロードヘッダー

見学に向けて整備中の坑道。安全のため、排水管は撤去されています

坑道の壁面を埋め尽くす無数のケーブル

両手に強い振動が伝わる削孔機の模擬体験

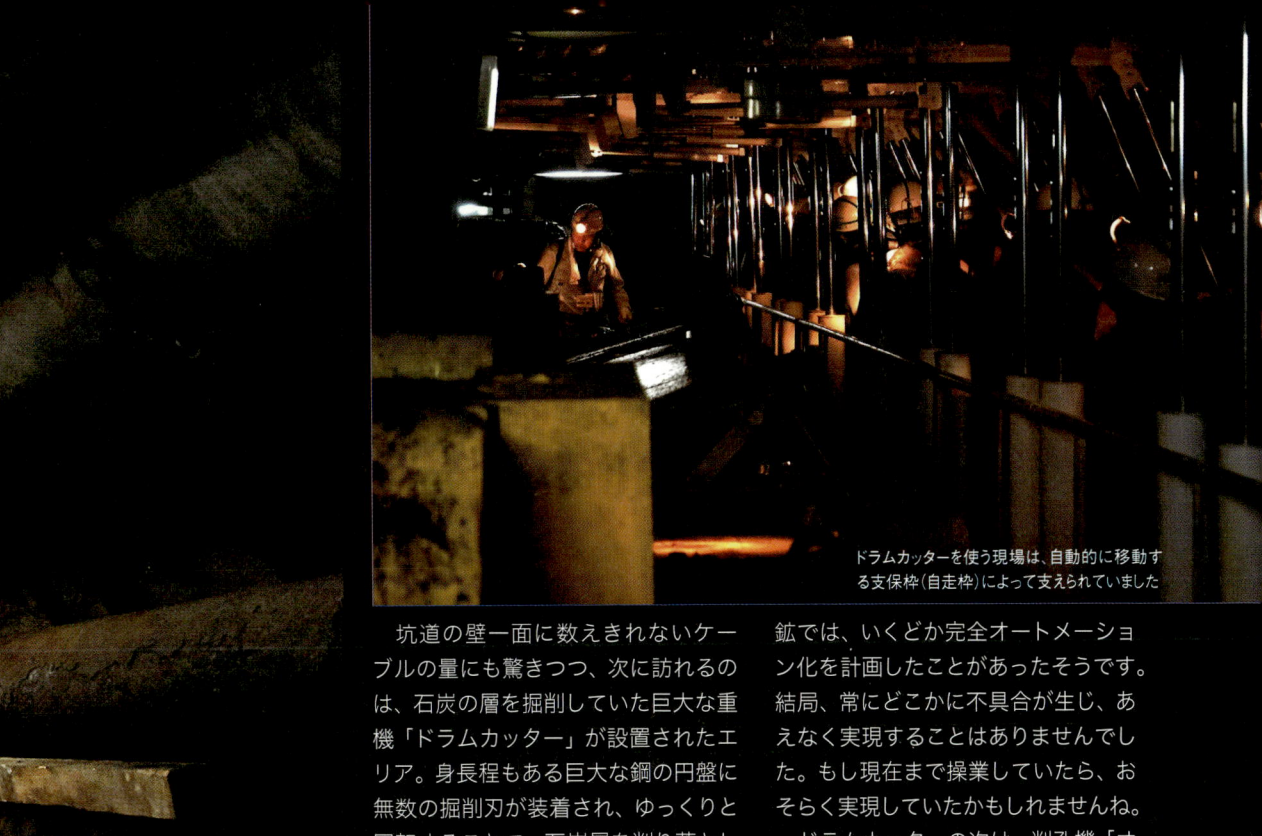

ドラムカッターを使う現場は、自動的に移動する支保枠（自走枠）によって支えられていました

　坑道の壁一面に数えきれないケーブルの量にも驚きつつ、次に訪れるのは、石炭の層を掘削していた巨大な重機「ドラムカッター」が設置されたエリア。身長程もある巨大な鋼の円盤に無数の掘削刃が装着され、ゆっくりと回転することで、石炭層を削り落としていく装置です。

　池島炭鉱の坑道見学の特徴は、実際に使われていた機器の操作が体験できること。巨大なドラムカッターの操作は、意外にもボタン1つ。高効率を押し進めた結果たどり着いたオートメーション化の1つでしょう。池島炭鉱では、いくどか完全オートメーション化を計画したことがあったそうです。結局、常にどこかに不具合が生じ、あえなく実現することはありませんでした。もし現在まで操業していたら、おそらく実現していたかもしれませんね。

　ドラムカッターの次は、削孔機「オーガー」の体験です。岩盤を掘り進む際に使うダイナマイトの装填穴を開けるオーガーは、圧縮空気で動きました。けたたましい音とともに手に伝わる強烈な振動。ダイナマイトを1本埋めるだけでも、かなりの労力が必要だったことがわかります。

石炭層を掘削する巨大重機のドラムカッター

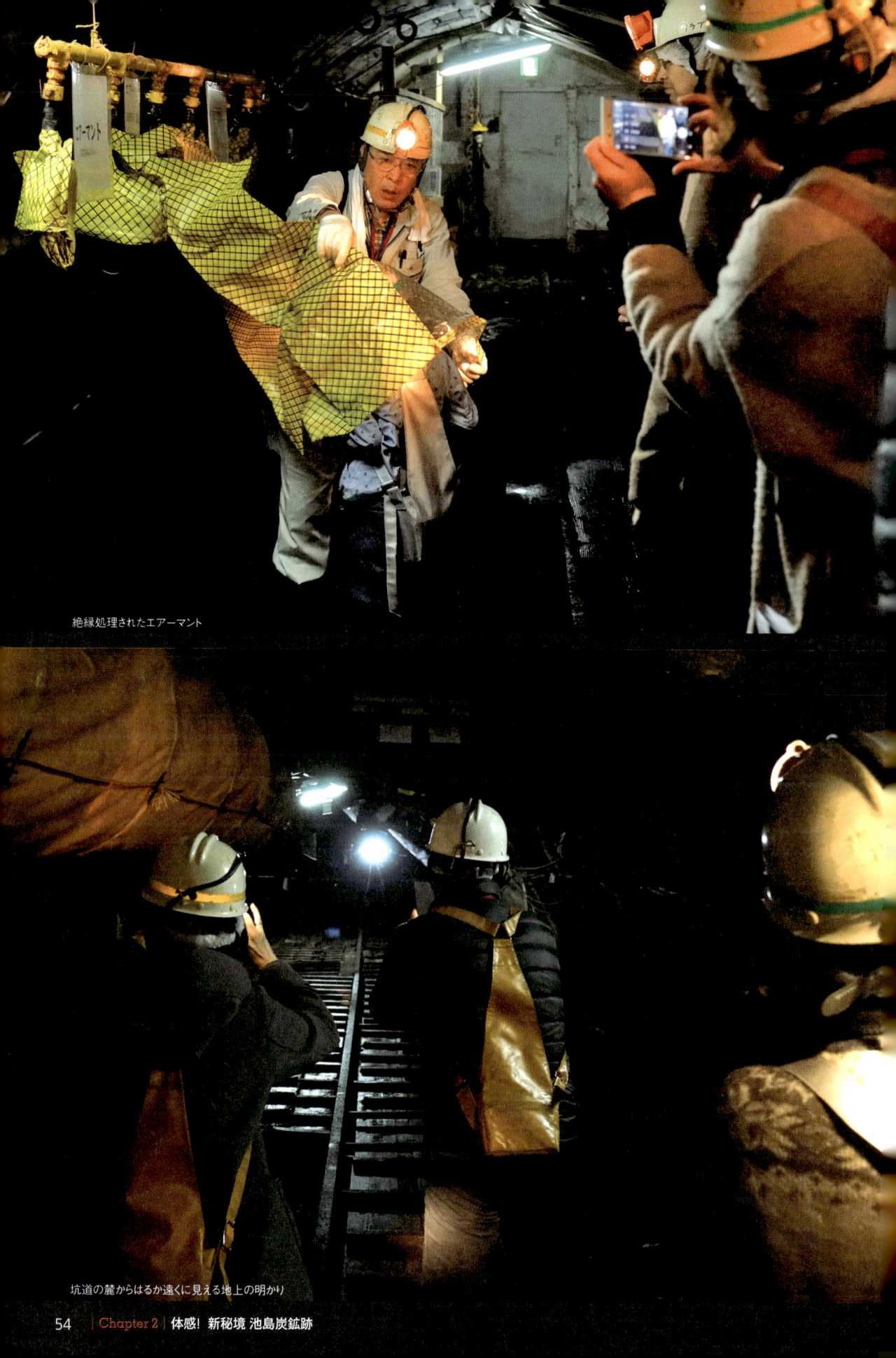

絶縁処理されたエアーマント

坑道の麓からはるか遠くに見える地上の明かり

選炭工場で排出されたボタを落とすエアダンパーは坑内の湿度で真っ赤に錆び付いています

掘削体験の次は、保安体制のコーナー。エアーマントと呼ばれる、緊急時に一時待機するための設備の体験もあります。細いパイプからぶら下がる小さなバッグを拡げると、ちょうど人が1人すっぽり入れるくらいのビニールのマント。坑内でガスが発生した時など、このマントの中に体を入れて密閉し、上部から供給される空気を吸いながら救助を待つ装置です。最先端技術を数多く導入した池島炭鉱は、保安の面でも万全を期し、おかげで操業中に大規模な事故を起こさずに閉山することができた炭鉱でした。

エアーマントの先にたどり着くのは、池島炭鉱で最初に掘られた斜めの坑道の麓。坑道内から見上げる遥か先の地上の光が、地底深くにいることを実感させてくれます。

地上の明かりを遠くに拝んだあとは再び地底の世界へ戻り、ボタを排出するエアダンパーの横を通りながら、メタンガス発生時に避難する密閉室へ。室内での待機でも対応できない場合は、一酸化炭素を二酸化炭素に変えて無毒化するCO_2マスクの出番です。当初は避難場所に設置していたものを、後年になって全員携行して入坑するようになったそうです。

坑道見学の最後は、発破の模擬体験。もちろん実際の発破を使うわけではありません。体験用のスイッチを入れると録音された発破のサウンドが響き渡ります。願わくは、音響装置をもう少し迫力の出るものに変えて欲しいな〜、などと思っているうちに約1時間の坑道体験は終了。再びトロッコに乗って、地上の世界へと戻ります。国内で唯一の炭鉱体験は、きっと忘れられない思い出となるでしょう。

堀ケンさんによるCO_2マスクの実演

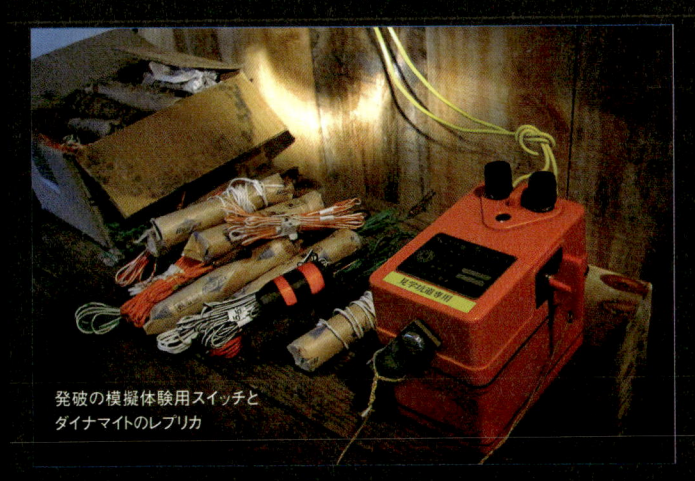

発破の模擬体験用スイッチとダイナマイトのレプリカ

約1時間の地底探検を終えて出坑です

坑口から遥か遠い所にある人車の巻上機を設置した本卸捲座

捲座から伸びる本卸人車用のワイヤー。奥には排気立坑が見えます

本卸坑口に停車する斜坑人車。赤い車輌には火薬取扱の資格者が乗車していました

海面下240メートルの地点。長時間斜めの坑道を歩き続けると、次第に平衡感覚が狂ってくるのを感じます

「海底の大工場」といわれた池島炭鉱の海底坑道は、閉山間際の頃で総延長96キロ、面積にして約35,500ヘクタールという広大な面積におよぶもので、主要な坑道から炭層に向かって何百もの採掘坑道がアリの巣のように造られていました。閉山後、これらの多くは放棄されましたが、それでも研修センター時代には海面下400メートル以下の坑道が遣っていて、2005年の頃は、その最奥まで見学することができました。これはその時に撮影した海底坑道の実際の姿です。

現在の坑道見学とは違い、池島炭鉱で最初に掘られた本卸（ほんおろし）とよばれる斜めの坑道から、長〜いワイヤーロープによって昇降される斜坑人車と呼ばれるトロッコに乗っての入出坑でした。現在、坑道見学で乗車する人車は見学用に製造されたもので、ベンチシートの幅が広かったり、クッションが貼られたりするなど、快適な乗車ができる造りですが、実際の人車のベンチは極めて狭く、またシートも貼ってありません。線路の振動がダイレクトに伝わる人車に乗って、真っ暗な坑道の中へけたたましい音とともに滑り落ちてゆく。これが実際の人車に乗った印象です。

海底坑道は、素人目にはどこも同じで、現在坑道見学で入坑する坑道との違いがほとんどわかりません。本卸の終点は海面下300メートルの付近で、地底の湧き水を地上へ排出するための巨大な揚水ポンプが何基も並び、けたたましい音をかき鳴らしていました。また、おり返してさらに深い地底へと通じる斜坑（本二卸）の端には、大きなドラムの巻上機が備え付けられています。本卸と同様に、折り返してからも斜坑人車でさらに下っていたのですね。立坑の昇降がエレベーターの構造だとすれば、斜坑はケーブルカーと同じような構造です。

そのほか電気室や避難所など、様々な設備や施設が施工されていた坑道は操業時の全坑道の、ほんのわずかにすぎません。

何基も並ぶ本一卸の坑底ポンプ群

火花による火災発生を防止するため、坑内の電気設備はすべて防爆型と呼ばれるカバーが装着されています。蛍光灯1本用で10万もする高価な設備

地底で折り返し、さらに深部へと続く本二卸

本二卸を昇降する人車のための坑内巻上機

池島炭鉱　閉山間際の頃の海底坑道

坑道図

池島採掘エリア

池島

蟇島採掘エリア

蟇島

基幹水平坑道

十八尺上層

十八尺下層

四尺層

蟇島南部採掘エリア

　後年は、池島から第二立坑で降り、水平に作られた坑底坑道を、世界最速の高速人車で移動。その後、斜めに上昇する坑道をマンベルトとよばれる人員運搬用のコンベアに乗って採掘現場へ移動していました。高速人車の導入前は、片道2時間以上もかかったとか。移動だけでもひと苦労です。マンベルトの導入によって、約1キロの登り坂を歩いて登る必要がなくなり、疲労軽減におおいに貢献したそうです。

連卸の坑口。左に見えるのは機材などを運搬するウエイト車

坑口コンベアの折り返し点

限りなくレトロフューチャーだった集中監視室

本卸に平行して連卸（つれおろし）という坑道があります。後年、掘り出した石炭を地上まで運び出していた何千メートルにも及ぶベルトコンベアの通り道でした。このコンベアを「新ベルト」とよび、それ以前の立坑を使った揚炭よりも、はるかに効率があがったといいます。坑口はコンベアで半分塞がれ、上がって来た石炭は地上でいったん折り返して、選炭工場へと運ばれていました。

そして、新ベルトをはじめ、坑内のあらゆる場所の監視と制御をおこなっていたのが、第二立坑の麓にある第二立坑事務所内の集中監視室です。アナログな計器が並ぶ監視室は、発電所の配電室と同様に、凄くレトロフューチャーな空間でした。

探険！ 蔭島〜池島の命運を担った姉妹島

池島から南西約3キロの海上に浮かぶ、マッコウクジラが海面から姿を現したような島。それが蔭島です。池島の島内からも、いろいろなところから見ることができる蔭島。遠目にはただの無人島のように見えますが、実は池島の命運を担ったとても重要な島だったのです。

位置図と島内図

池島

大蔭島　小蔭島

扇風機　船着場
蔭島排気立坑
蔭島入気立坑

左手前の三角の島が小墓島、奥の横長の島が大墓島

池島から眺める夕刻の墓島

61

ほぼ操業時の姿で遺る排気施設

　池島炭鉱が掘り進んだ坑道はとても長く、範囲もとても広いものでした。石炭は、掘り進めば進むほど、掘る場所もどんどん遠くなりますが、特に池島の場合は、途中からそれまで掘っていた深度より浅い位置の石炭を掘らなくてはならなくなりました。そのせいで、池島の島内にあった換気施設だけではままならなくなります。たまたま掘り進んでいた坑道の方向に蠑島があったので、蠑島に換気施設を造ることで、後年の坑道の良好な換気環境を確保できたといいます。

　もし蠑島がなかったら、換気施設のために人工の島を作らなくてはなりませんでした。実際、大財閥の三井が経営した三池炭鉱では、海上に2つも人工島を作って換気をしていましたが、池島炭鉱にはそこまでの体力を望むべくもなく、たまたまそこにあった蠑島のおかげで、21世紀まで操業できたというわけです。

　今、蠑島には、動かなくなった換気施設がそのまま残されています。深い草むらに囲まれた高台にひっそりと遺る建屋。2本の巨大な鋼鉄製のチューブと、その先についた末広がりの排気塔。かつて、海面下650メートルの深さで口を開けていた排気立坑は既に塞がれていますが、静かに佇む排気施設は、今も池島の命運に貢献した自負にあふれているようにもみえます。

　蠑島へは、船をチャーターして行くことができます（雄正丸：090-8415-6151）。夏場はジャングル探険のスリルも味わえる蠑島。興味のある方は、ぜひ訪れてみて下さい。

操業時の排気施設。今はない左端の建屋の下に蠑島排気立坑がありました（中央会館の展示物より）

池島から遠隔操作で作動していた開閉弁

排気筒の中に残る巨大扇風機のブレード

モーターなどが遺る動力室

立坑開削の際のボタ山とおもわれる高台からの換気施設全景

池島に泊まろう！

島内唯一の宿泊施設、中央会館の外観

　ワンデイツアーはその名の通り日帰りのツアーなので、池島への宿泊はありません。しかし、池島には宿泊することもできます。2018年現在、島内唯一の宿泊施設は長崎市立の池島中央会館。幾つかの小部屋と、大人数で雑魚寝ができる大広間を備えた中央会館は、元映画館を改装したもの。後年は福祉センターとしてイベントや各種行事を行っていた施設を再利用しています。素泊まりのみですが、2階には大きな調理スペースがあるので、食材を持ち込んでの調理も可能。

　1階のホールには、操業時の池島のパネルや作業着などを展示。各種池島の資料や写真集も閲覧可能なので、池島の予習にはうってつけ。

　また、すぐ近くにあるかつての炭鉱風呂「東浴場」も、営業日なら入浴可能。炭鉱の時代に想いを馳せながら池島でゆっくりと時間を過ごしたい方は、ぜひ利用してみては。

70年代を彷彿とさせるレトロなロビー

布団敷きで旅館風の2人部屋

中央会館1階のホールに展示されている、操業時のパネル

2018年の夏で営業が終了予定の東浴場。港浴場はその後も入浴可能

中央会館の近くにあるかつての地区浴場だった「東浴場」

巨大な浴槽は、島民の減少にあわせて半分サイズに

How to Access　池島へのアクセス

池島へ個人で上陸するルートは3つ。離島なので、すべて船を利用します。

出航する港は、佐世保港、瀬戸港、そして神浦港で、瀬戸港と神浦港は、池島の対岸にあたる西海沿岸の港になります。

佐世保港からは高速船で約1時間。アクセスの良さは1番ですが、1日2往復しかありません。

瀬戸港は、もっともフェリーの便数が多い港。池島へ渡るのには、一番便利な港です。

神浦は最も池島に近い港。フェリーは1往復ですが、海上タクシーが5往復運行しています。

いずれも運行時間が変わることがあるので、事前にウェブおよび電話で確認。西海沿岸商船 ☎ 0956-24-1004。

長崎市内から大瀬戸港と神浦港への交通手段は車のみ。バスの場合は、桜の里ターミナル乗り換えの「大瀬戸・板の浦」行で神浦およびNTT瀬戸下車。

カーフェリー「かしま」号

池島の思ひ出
森山ガイドに聞く

島内でビールを傾けるうん十年前
の森山ガイド

　GIツアーには、炭鉱時代の池島に在住経験のある森山理保子ガイドが同行し、特に池島の島内では、操業時の池島の生のお話を聞くことができます。森山ガイドは、GIツアー催行会社の軍艦島コンシェルジュで、軍艦島の上陸ツアーガイドを最初期からされている方。これまでは池島での経験を軍艦島のガイドに生かしてきましたが、GIツアーの就航によって、まさに故郷の炭鉱を語り継ぐガイドとして活躍されています。

　「世界遺産登録以降、廃墟の島として有名になった軍艦島。ですがそこには明治以降、様々な困難を乗り越えて生活をし、石炭を掘り出していた歴史があります。『廃墟の島』としてではなく炭鉱の島として、沢山の生活者がいたことも皆さんに認識いただければと思いながらガイ

ドを行っております」と語る森山ガイドに、池島の思い出をお話しいただきました。

池島へ来た経緯やお仕事

　森山ガイドは、ご主人の仕事の都合で池島へわたり、1981（昭和56）年の1月から1990（平成2）年の4月まで暮らしました。池島では、商事（池島最大のスーパー「池島ストア」の通称）の本屋さんや野菜部門でのアルバイトをはじめ、鉱業所病院のレントゲン室助手、炭鉱施設内の安全灯室のアルバイト、そして坑口売店の販売員と、じつに様々なお仕事をされていました。

もっとも思い出深いこと

　そんな池島で、もっとも思い出深いのは、お子さんの同級生のお父さんを3人亡くしたことと語ります。

　「わけあって離婚していたご夫婦がふたたび一緒に住めるようになり、家族4人で暮らし始めた矢先、たった1か月でお父さんが坑内事故で亡くなられたこと」。池島では、産業事故とよべるような大規模な事故はなかったものの、小さな事故はいくつもあり、なかには亡くなられた方々もいらっしゃいました。最先端の保安体制を誇った池島炭鉱でも、炭鉱という職場は命と隣り合わせの職場であることにはかわりなかったのですね。

炭鉱アパート

　お住まいは、6畳と4畳半の和室、それに板張りの3畳で水洗トイレ付。お風呂はなかったとのこと。板張りの部屋に流し台とガス台があり、台所として使っていたというから、いわゆる2DKの間取りです。当初は

第二立坑の事務所棟内にあった坑口売店での1枚

鉱業所病院の仲間と。レントゲン助手なので本来は白衣だったけれど、記念撮影ということでナースのコスプレ。さて、森山ガイドはどこでしょう

コンクリートの流し台でその横にコンクリートの水がめがあったそうですが、ほどなくしてステンレスの流し台とガス台に代わり、水がめも撤去されたそうです。「6畳の部屋に3人の子供が寝ていて、しかもピアノも置いていたので、とても窮屈だったのを覚えています。それで子供達の机もかなり小さめのもの、お布団も小さいジュニアサイズを使っていました」。

池島での暮らし

徒歩5分の圏内に巨大スーパーの「商事」と、その向かいに何でも揃う「市場」があり、生活にはなに不自由なかったようです。「特に市場には新鮮な野菜がお安く販売されており嬉しかったのを覚えています」。

現在、池島の島内には14人乗りのコミュニティバスが運行していますが、炭鉱が操業していた時には一般の大型バスが走っていました。自宅アパートのそばにバス停があり、いつも港までバスで移動していたので、商事や市場のある場所以外のエリアを歩くことは、ほとんどなかったそうです。「郷地区（元々池島に住んでおられた方たちの居住地区なので私達は「村」と呼んでいまし

た）に下る道の両側には、スナックやパチンコ店などがずらりと立ち並んでいたので、あまり行ったことはありませんが、その道の入口に洋品店があり、月いちで売り出しがあったので時々出かけていました。その少し下のアパートに池島派出所勤務のお巡りさんご家族が住んでおられて、そこの奥様とも親しくさせていただいていたので、そちらまでは行ったこともあります」。自宅近所と商店街以外のことをあまりご存知ないのは軍艦島でも同じで、炭鉱の街がいかに充実していたかの表れでもあると思います。もっとも、必要な場所以外あまり行かないのは、どこでも同じかもしれませんが。

コミュニケーション

狭い島ゆえ、島民同士のコミュニケーションはとても密なものでした。「ママさんソフトのチームやバドミントンのクラブに入れていただいて、練習に参加したり試合に出たり、ママコーラスに参加したりと、とても楽しい生活でした。お隣同士や子供の同級生のお母さん達、そして担任の先生とのつながりが強く、小学校の先生が池島を去る時には、母親が率先して合同のお別れ会を計画して実行したこともありました」。

池島を振り返って

「鉱業所病院には眼科や耳鼻科が無かったので、子供には学校を休ませて佐世保まで行くしかなく、そんな時には、島は大変だとしみじみ思っていました」。家賃が安く、買い物が便利で住みやすい島だった反面、船という交通手段だけは不便だったようです。「でもその頃仲良くしていた方々とは今もお付き合いがあり、得難い経験ができたと思っています」。

現在の池島に想うこと

「今、炭鉱が無くなって住人がとても少なくなり、当時の自宅アパートも蔦に覆われていく姿を見ると、とても切なく悲しくなります。できればもっとたくさんの方々に島に来ていただき、せっかくの炭鉱遺構を見てもらいたいと切に思います」。たくさんの思い出がありながら、社宅ゆえに永住することができない故郷の部屋。その悲しみは、池島も軍艦島も同じです。日本の発展を縁の下で力強く支えた炭鉱の街の光と影を、GIツアーで体感していただきたいと思います。

バドミントンクラブで審判をする森山ガイド

坑内見学会の時の記念撮影。ピカピカと輝く黒ダイヤも実際にご覧になったそうです

Chapter 3

軍艦島周遊を
満喫する

軍艦島の外海側に密集するアパート群は圧巻の一言。見る角度によって、時にモン・サン・ミッシェルのように見えたり、時にアルカトラズのように見えたりと、その姿を変えるのが魅力の1つです。

軍艦島という呼び方は、大正時代に生まれました。時は第1次世界大戦の真っ只中。三菱重工長崎造船所で建造されながら、戦地へ赴く前に

廃船となってしまった戦艦土佐。艦橋などが完成前だったゆえに、普通の戦艦よりやや平たいルックスで、その姿に似ていることから軍艦のようだと報道されたのが始まりです。その裏には、大きな期待を寄せられながら動くことがなかった戦艦土佐と、動かない戦艦のような軍艦島を重ね合わせ、土佐への惜別の思いをこめたのかもしれません。

軍艦島の外海側に建ち並ぶアパート群はとても魅力的なルックスをしていますが、それはなぜでしょうか。例えば、全ての建物が同じ形だった場合を思い描いてみました。それはそれでインパクトはありますが、ガチガチの要塞のような印象になってしまいます。また、全部の建物がそれぞれ違う形だったらどうでしょう。これもまた、現代の都市部の無秩序

最も軍艦らしく見える角度からの全景

同じ建物だった場合のシミュレーション

さに通じる煩雑な印象かもしれません。軍艦島のアパート群の、対をなす大小の建物や、連立する３棟の建物と、単体の姿で建つ建物が混在して生み出されるリズム感こそ、魅力的に見える最大の原因だと思います。

さらに、岩礁の頂上から護岸の下まで、雛壇のように建てられた建物の上下関係は、そのまま軍艦島で暮らした人々の上下関係そのもの。エリート中のエリートだった三菱の職員は岩礁の頂上付近で生活し、時に

は前科者までいた下請けの労働者は、おもに護岸付近の日の当たらないエリアに住んでいました。軍艦島の形は、社会のピラミッドでもあったのです。

65号棟の海上からの外観

島内最大の建築〜65号棟

　船が軍艦島に接近すると、最初に見えてくるのは、創建当時国内最高層だった端島小中学校。7階の増築部分は崩壊が進んでいますが、鉄筋造りの6階までは今も健在です。

　学校の右隣にあるのが島内最大の建物の65号棟、通称「報国寮」。その名が示す通り、戦争に関係するアパートです。物資がほとんどなかった第2次世界大戦の末期に3分の1が完成したことは、軍艦島の石炭が、いかに国から手厚い保護を受けていたかの証。船上から見えるのが、この最初に造られた3分の1の部分です。

　左寄りの、壁が少し張り出した部分は、当初エレベーターを設置しよ

うとした跡。結局エレベーターは設置されることなく、居室として使われました。利便性より居住空間を求めていた、軍艦島の事情がわかります。

　戦後すぐに次の3分の1、そして島民が一番多かった昭和30年代の前半に最後の3分の1が増築され、最終的に350戸以上が入居する巨大なアパートが完成しました。この建物が面白いのは、約20年かけて建てられた跡がしっかりと残っていること。戦中に完成した部分は、木製サッシュに木製の引戸。玄関の横にはコンクリート製の水がめが施工されています。また玄関の中には竈があった

り、廊下には木製の仕切り塀がある共同洗濯場があったり、こんにちのマンションとはかなりかけ離れたイメージです。それに対して一番新しい部分は、小窓が付いた鉄製の玄関引戸で窓枠も鉄製。廊下の壁面は上下で白と水色に塗り分けられたり、水洗トイレが完備されたりして、現代の集合住宅に近づいたものでした。

　また、屋上には保育園もありました。エレベーターもない9階の屋上に保育園とはけしからんと、時の教育機関が視察に来たものの、階下の日照条件を見るなりすぐに納得して帰ったというエピソードも残っています。

コの字の形がよくわかる中庭からの外観

犬小屋が遺る旧棟の廊下

上下で塗り分けられた新棟の廊下

眺望が抜群だった保育園

コンクリートで施工された、竈のある台所

日給社宅　日本の原風景

　外海側のほぼ真ん中にあって、海上からはその建物の一部が見える日給社宅は1918（大正7）年に建設が始まった建物。2018年現在、紀寿（百寿）を迎えるアパートです。建設当時、国内のすべての建物の中で最高層だった9階建ては、軍艦島の音頭に「自慢の9階建て〜♪」と歌われるほど。片廊下の細長い5棟が、大廊下棟によって繋がった櫛形の建物でした。

　この建物が興味深いのは、鉄筋コンクリート造りにもかかわらず、各階の光景が木造長屋街にしか見えないこと。まだ、鉄筋コンクリートの集合住宅の前例が1つしかなく（これも軍艦島の建物）、柱や各階の床は鉄筋コンクリートで造ったものの、その中に施工する居住空間は、木造の長屋のようなものにせざるをえなかった、ということでしょう。

　玄関1つを取り上げても、かなり高さのある上がり框が施工されています。上がり框とはたたきと部屋との間にある段差のことで、特に農家などでは野良仕事の泥が部屋に入らないように造られた、高さのある上がり框をよく見かけます。また玄関土間の隅には、煉瓦などで造られた竈があり、薪をくべて煮炊きをしていたようです。高い上がり框や竈がある鉄筋コンクリートのビルは、おそらく世界でこれだけでしょう。

　さらにこの建物には屋上農園がありました。昭和40年代初頭、コンクリートジャングルに育つ子供たちへの教育目的で畑を耕作。さらに翌年には水田まで造ってしまったというから驚きです。残念ながら防水加工ではなかったので水漏れをおこし、あえなく2年で閉園してしまいました。こんにちでは屋上農園はいろいろな形で造られていますが、昭和40年代初頭での造園は、とても早い試みだったといえるのではないでしょうか。

コンクリートジャングルだった日給社宅の中庭に育つ木

周遊の船上からも見える外観

上階の居室を狭くして日照を考慮したといわれる構造

まるで木造長屋そのものの外廊下

現在の屋上の光景

高い上がり框

1階に入居していた食堂「蓬萊亭」の冷蔵庫

屋上に造られた水田の耕作風景（『端島 軍艦島』より）

海上からの外観

30号棟　ニッポンのマンションの原点

　外海側に密集する鉄筋アパート群の最南端に建つのが、1916（大正5）年築の、国内で最初に造られた鉄筋コンクリートの集合住宅です。いわば、ニッポンのマンションの原点。日給社宅と同じように、棟内には長屋が埋め込まれ、高さのある上がり框や竈付きの土間がありました。

　この建物が造られた後に、国内で本格的な鉄筋コンクリートの集合住宅が建てられたのは約10年後のこと。関東大震災で壊滅的な打撃を受けた東京で、住宅の復興を推進した同潤会が建てたアパートでした。しかし同潤会のアパートは、長屋を埋め込んだような形でもなければ、高い上がり框もありません。それだけ、この30号棟と日給社宅が特殊な建物であると同時に、軍艦島の創意工夫が結集した素晴らしい遺産だといえるでしょう。

　前例の無い中で建てられた30号棟には、現在のマンションから考えると奇妙な点がいくつもあります。例えば屋上へ出るときは、小さな建家の扉を開けて出るのが普通ですが、30号棟にはこの屋上階段室がなく、剥き出しの階段がくっついているだけ。そのせいで、雨が降ると階段を伝って雨水が階下へ流れ込んでしまいました。

　建設から100年以上経過した30号棟は、多くの箇所で床が抜け落ち、柱のコンクリートが剥落して、このままでは崩壊の危険性もあります。実は、鉄筋コンクリートのビルが自然に崩壊する記録はなく、30号棟が崩壊すればとても貴重な記録になる、と崩壊に期待を寄せる専門家の意見も。元祖日本のマンションがなくなってしまうのは寂しいですが、未来のマンション建設に役立つなら「献体」もまた1つの選択肢かもしれませんね。

島内からの外観

激しく崩壊が進む30号棟の内部

回の字型の建物を中庭の下から見上げた光景

炭坑で使ったワイヤー廃材を転用した鉄筋

階段が剥き出しで顔を
出す屋上

海上から見える31号棟の外観

31号棟　軍艦島にもあった遊廓

　30号棟のすぐ左隣にある横長の建物、これが1957（昭和32）年完成の31号棟です。ビルが建つ前、この場所には木造の店舗が並ぶ南部商店街がありました。海側は雑貨店や酒屋が軒を連ねる一般の商店街ですが、道を挟んで内陸側には遊廓が3軒もあったといいます。遊廓といっても廓で囲まれたものではなく、表向きは料亭のようなものですが、島民の方々は遊廓と呼んでいました。

　3軒の遊廓のうち、本田と森本の2軒は日本人の遊廓で、特に本田は県議だった本田伊勢松が経営した店。1933（昭和8）年の長崎新聞に

は、当時の本田屋の様子が報じられています。「県会議員本田伊勢松氏の経営する料亭本田屋が多情多彩の情緒をもって炭粉にまみれた坑夫たちの荒くれた心身を愛撫してくれるのも炭坑端島のもつ柔らかな一断面である」。戦前の遊廓が軍艦島にとってとてもだいじな場所だったことがわかります。

　そしてもう1軒は吉田屋といって、朝鮮の人たちが経営し、お客さんも当時島にいた朝鮮の人たちでした。吉田屋の従業員と日本人の島民はとても仲良くし、特に差別的なこともなかったといいます。朝鮮から来た

家族の子供たちも、端島小中学校へ通っていました。時にメディアで報道される徴用工の問題。そして強制連行という言葉で表される国際問題の解決の糸口が、こんなところにあるのではないかと思います。

　戦後ほどなくして、多くの朝鮮の人たちが国へ帰ると、吉田屋は閉鎖されて、中島文具店と大石洋装店へと様変わりをします。その後、1956（昭和31）年に島を直撃した大型の台風で、南部商店街は壊滅的な打撃を受けました。それはちょうど売春防止法が発布された年（完全に施行されたのは昭和33年）。あらたに遊廓が造られることはなく、軍艦島の遊廓は歴史の闇へと消えていきました。

「端島美人連中」とタイトルが付けられた、軍艦島の遊女とおもわれる写真

昭和20年代後半の南部商店街。吉田屋の後に入店した中島文具店が見えます（『端島 軍艦島』より）

端島郵便局　遊廓 本田　遊廓 森本　中島文具店・大石洋装店 かつての遊廓 吉田

中山商店　鐘ヶ江酒店　西谷撞球場　海野酒店

昭和20年代の南部商店街の店舗

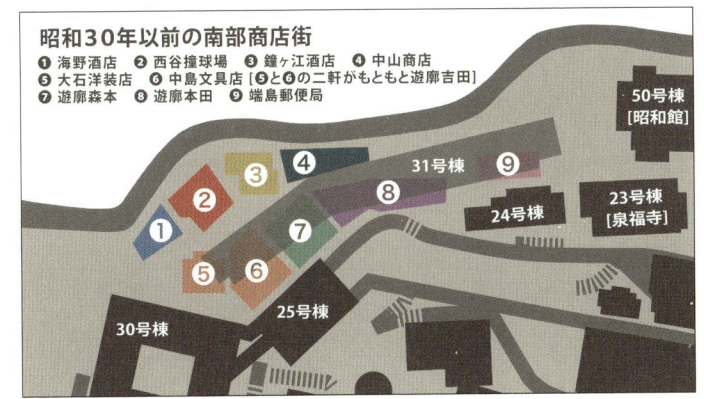

昭和30年以前の南部商店街

❶ 海野酒店　❷ 西谷撞球場　❸ 鐘ヶ江酒店　❹ 中山商店
❺ 大石洋装店　❻ 中島文具店 [❺と❻の二軒がもともと遊廓吉田]
❼ 遊廓森本　❽ 遊廓本田　❾ 端島郵便局

50号棟 [昭和館]　31号棟　23号棟 [泉福寺]　24号棟　25号棟　30号棟

南部商店街俯瞰図

ダイヤルチャンネル式の白黒テレビ。当時10万円以上もした東芝製

昭和のタイムカプセル

白物家電の元祖、電気洗濯機、電気冷蔵庫、そして白黒テレビのいわゆる「三種の神器」が島内に100パーセント普及したのは、軍艦島が国内で最速でした。同時代の東京をみると、いずれもせいぜい10パーセント前後の普及率。軍艦島の賃金がどれだけ高かったかを物語るエピソードではないでしょうか。

また、ミシンはシンガーやブラザーといった老舗に加えて、三菱製もよく使っていたようです。ぼろぼろに朽ち果てたミシンは、かつておかあさんが子供の体操着を繕ったりしたのかもしれません。

実は軍艦島には娯楽施設が少なかったように感じます。例えばパチンコ店ひとつとりあげても、よく知られる軍艦島のそれは、閉山も近い1970（昭和45）年の開店。いまでは絶滅危惧種ともいえるハンマー式のパチンコ台で、チューリップとにらめっこしながらの立ち打ちだったようです。実は戦後すぐに、一度パチンコ店が開店したことがありました。しかし、あまりの楽しさに仕事をさぼってパチンコばかりする炭鉱マンが激増。そのためにあっというまに閉店したそうです。

島内にエアコンはありませんでした。閉山の頃でも、夏は扇風機、冬は炬燵が定番だったようです。もっともクーラーの室外機がなかった当時は今ほど暑くもなく、昼は扇風機でも、夜は海風で十分だったにちがいありません。

襖に貼られた雑誌の切り抜きは、70年代に一世を風靡した内外のタレントさん。同じ部屋には、脚付きの無用に大きなステレオも残っています。閉山後、売りに出されたために、炭鉱街の総てが封印された軍艦島は、昭和のタイムカプセルでしょう。

戦後すぐに開店し、ほどなく閉店した端島パチンコ（写真吉村幸典）

ナショナル製のワンドアタイプの冷蔵庫

共同洗濯場で肩を寄せ合う電気洗濯機

珍しい三菱製のミシン

錆び付いたミシン

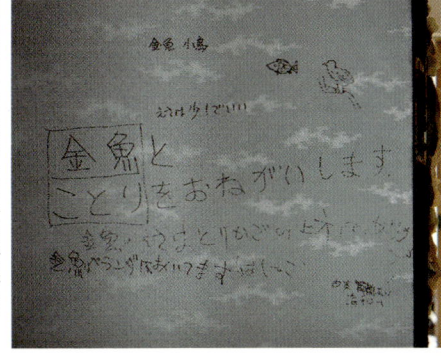

閉山ということをわからない子どもが残した襖の書き置き

昭和まっしぐらな光景が懐かしい操業時の部屋の様子（『端島 軍艦島』より）

絶滅危惧種なハンマー式のパチンコ台

昭和のアイドルが貼られた襖

船上から見える、元来の岩礁の上に造られた石積みの擁壁

軍艦島最大の世界遺産

軍艦島で最大の世界遺産、それは周囲をとりまく護岸です。といっても現在見ることのできるコンクリートで固められた護岸ではなく、その中に眠る石積みの護岸。軍艦島は、もともと現在の大きさの3分の1程度の岩礁でした。それを炭鉱の操業と並行して護岸を築いて人工地盤を造り、明治時代にほぼ現在の形にまで造成したのです。

また護岸と同時に造られた石積みの擁壁も、島内のいたるところに遺っていて、なかでも中央に聳える元来の岩礁に造られた擁壁は、船上からも見ることができます。護岸から擁壁まで、軍艦島が出来上がった頃は、そこいら中が石積みだらけの島だったのです。

護岸や擁壁に使われているのは、天草の砂岩で、積み石の間にオレンジ色っぽく見えるのは、天川とよばれる海水に強い接合剤。

100年以上経った今でもしっかり遺る石積みに、明治時代の土木技術の水準の高さを垣間見ることができます。

石積みの様子がよくわかる大正時代の護岸（『端島（軍艦島）』より）

石積みの護岸の上からコンクリートで固めた外海側の護岸。意外と蛇行しているのがわかります

島内に遺る人工地盤を守るための石積みの擁壁

コンクリートが剝がれて石積みの護岸が姿を現した島内の様子

護岸では、唯一石積みの状態で遺る船着桟橋の横

左下の開口部が、船上から見える海底水道の取込口。かつて船着場として使われていたものを再利用したようです

国内初の海底水道

　その歴史を通して、常に島民を悩ませたひとつに水問題があります。湧き水のいっさいなかった軍艦島では、当初、製塩工場から副産物としてでる蒸留水を飲用などに使用していました。しかし、配給のための水券が高値で売買されるなど、風紀の乱れを察知した会社は、やがて水船を導入。毎日市内から水を運んで、問題は解決したかに見えました。しかし、時化による欠航やさらなる人口増加で、水船の将来にも不安が見えてきました。そこで考え出されたのが海底水道の構想です。アメリカの石油パイプラインをヒントに、国内初の海底水道が完成したのは1957（昭和32）年のことでした。しかし海底水道が完成すると、それまで

の節水のたがが外れて、だれもが大量に水を消費するようになり、再び水不足に悩まされます。幾度かの貯水池の拡大工事を経て、ようやく水問題が解決しました。命に関わるもっとも重要な水。あらためて軍艦島という島が、生活するのにどれだけ過酷な環境だったかを思い知らされるようです。しかし、そんな苦難を克服してでも人が住み続けたのは、ひとえに軍艦島で採れる石炭が、極上の品質だったからにほかなりません。

海底水道の工事の様子（『端島 軍艦島』より）

観光上陸コースから見る取込口。右下には天川が、
左下には海底電線ケーブルの跡も見えます

昭和初期まで稼働していた製塩工場（『端島 軍艦島』より）

水船による島内給水の様子（『端島 軍艦島』より）

現在のドルフィン桟橋

国内初の上陸桟橋

上陸もまた、創業以来常に島民の悩みの種でした。かつては海上で艀とよばれる小さな小船に乗りかえ、跳ね上げ式の桟橋から上陸していました。海が穏やかなときは問題ありませんが、ひとたび時化ると桟橋を小船まで降ろすことができず、縄梯子を使っての上陸です。ただでさえ登るのがたいへんな縄梯子。激しく揺れる小船からよじ登るのは、至難の業だったと聞きます。

島民のたっての願いを叶えるべく、1954（昭和29）年に完成したのが国内初のドルフィン桟橋でした。ドルフィン桟橋とは、タンカーの係留などに使われる、岸から離れた固定桟橋のことで、潮の干満にあわせてタラップが上下する仕組みの桟橋です。

しかし、数年で流出してしまい、2代目の桟橋もあえなく1年で流出。試行錯誤の末に完成した3代目のドルフィン桟橋で、やっと丈夫な桟橋が完成しました。現在、観光上陸で使われているのもこの桟橋。離島にとって命綱ともいえる桟橋にも、軍艦島らしい創意工夫が表れています。

社船「夕顔丸」から艀に乗り込んで島へ接近（『端島 軍艦島』より）

ほどなくして流出してしまった初代の桟橋（『端島 軍艦島』より）

縄梯子を使っての上陸風景。バッグや靴などは、先に投げ上げておき、裸足で登っていたようです（『端島 軍艦島』より）

3代目の桟橋でも、時化の時の上陸が大変なことには変わりありませんでした（『端島 軍艦島』より）

第三竪坑捲座の内壁と二坑桟橋の入口

わずかに遺る炭鉱施設

　かつて操業していた時代、軍艦島の内海側には、所狭しと炭鉱施設がひしめいていました。

　軍艦とよばれた要因のひとつでもある、島で一番高かった第二竪坑の櫓をはじめ、選炭工場や仕上工場（メンテナンス工場）まで、池島より狭い軍艦島では、その密集度も桁違い。地上だけではこと足らず、地下までも使いたおした炭鉱は、国内でもおそらくここだけでしょう。

　また、一般の炭鉱はもとより、池島炭鉱でも、軍艦島よりはるかに土地があったので、炭鉱施設と住宅棟は隣接していません。しかし軍艦島では、コンプレッサー・ルームなど爆音で稼働する施設に隣接して建つ住宅棟もありました。そのため、わ

ざわざ消音装置を設置して、騒音対策を施したといいます。軍艦島がいかに先取りの島だったかを物語るエピソードではないでしょうか。

　現在、炭鉱施設があったエリアには、石炭を運んだベルトコンベアの支柱が古代遺跡のように並ぶ以外、めぼしいものはほとんどありません。ここではそのいくつかを取り上げて、軍艦島の炭鉱がどういうものだったのかを見ていきたいと思います。

古代遺跡のようなベルトコンベアの支柱群

トンネルコンベアの地上出口

トンネルコンベアの内部。各穴の下に漏斗が付いていて、弁の開閉によって下で稼働するコンベアへ石炭を落としていました

第三竪坑捲座と
第二竪坑の入坑口

　周遊船が内海側へ回って最初に見えてくる煉瓦の壁が、1896（明治29）年に完成した第三竪坑捲座の内壁です。捲座とは竪坑のケージを昇降させる巻上機が設置された建屋のこと。昭和に入って第三竪坑はその役目を終え、捲座はそのまま資材倉庫として使われていました。島内に遺る数少ない明治時代の遺産です。

　その隣にある階段付の建屋は、第二竪坑のケージ乗り場がある桟橋へ行くための入口。トロッコに積まれて上がって来た石炭を階下へ放出しなくてはならなかったので2階建てです。何百メートルもの地底での作業の安全を祈りながら昇り、作業から無事に帰ってこられた安堵を噛み締めた階段でした。なお、池島炭鉱では「立坑」の表記ですが、軍艦島では「竪坑」の文字を使用します。

貯炭場

　軍艦島の内海側にあった炭鉱施設の中央付近は、製品となった石炭を積み上げておく貯炭場です。古代遺跡の列柱を連想させる8個の柱は、出来上がった石炭を貯炭場へ運んだベルトコンベアの支柱の跡。貯炭場の地面にはいくつかの穴があり、地下トンネルを通して石炭を運びだしていました。土地が極端に狭かった軍艦島ならではの工夫です。

65号棟の鉱業所側に隣接する、擁壁の一部と思われる蒟蒻煉瓦

蒟蒻煉瓦

炭鉱施設の奥まった場所なので、周遊はもちろん、観光上陸でも見ることはできませんが、蒟蒻煉瓦を使った跡がいくつかあります。蒟蒻煉瓦とは、幕末から明治20年頃まで長崎で製造された煉瓦で、焼成技術が未発達だったため、現代の煉瓦より薄くしか作れなかったのが特徴です。実は軍艦島の蒟蒻煉瓦は、世界遺産登録に際しての調査で発見されたもので、それまでは知られていませんでした。しかし、明治23年に創業した三菱以前のものの可能性が高く、ヴェールに包まれたプレ三菱時代を解き明かす鍵として注目を集めています。

65号棟の裏に遺る、円形の施設の一部と思われる蒟蒻煉瓦

第四竪坑の入口

煉瓦とコンクリでできた四坑の捲座

換気施設

　軍艦島の炭鉱施設が最も遺っているのは換気施設があった付近ですが、蒟蒻煉瓦と同じように、周遊はもちろん観光上陸でも見ることはできません。大正末期に完成した軍艦島で最後の竪坑だった第四竪坑は、おもに坑内の換気を目的として造られました。炭鉱の換気システムに関しては2章の排気立坑（p36、37）をご覧ください。

　主力坑道だった第二竪坑は、櫓の根本部分しか遺っていないのに対して、第四竪坑は、櫓の脚はもちろん、鉄板でできた竪坑入口のカバーなども綺麗に遺っています。さらにその手前には運航時に鳴らすベルの回数表示も。そのほか、煉瓦とコンクリでできた第四竪坑の捲座跡や扇風機への誘導口である風洞弁室とよばれる施設など、貴重な遺産が目白押し。住宅棟群ほど崩壊の危険性は高くなさそうなので、ぜひとも公開して欲しいエリアです。

竪坑の入口横に遺るベル表示板。炭坑だったと目で見て分かる唯一の遺産かもしれません

坑内の空気の出口だった風洞弁室跡

船上からの撮影〜望遠レンズが効果的

60mm

島の南側から
60mmで撮影

すでにお話ししたように、観光上陸ツアーに参加しても、軍艦島最大の見所である外海側の炭鉱アパート群は船上からしか見られません。もちろんGIツアーではゆっくりと軍艦島を周遊するので、撮影条件は観光上陸と同じ状態です。全体像や建物を幾つもまとめて撮影するのは、普通のズームレンズがあれば十分。ただし、接近のし過ぎは危険なので、建物をクローズアップで撮影するには少し距離があります。そこで標準的なズームレンズの他に、望遠レンズをご用意することをお薦めします。望遠レンズが無い場合は、高倍率ズーム付のカメラでもかまいません。ぐっと迫った迫力ある軍艦島を撮影することができます。

240mm

南側の同じ位置から灯台を240mmで撮影

400mm

南側の同じ位置から灯台を400mmで撮影

200mm

8号棟を200mmで撮影

400mm

神社を400mmで撮影

軍艦島の世界遺産、天川の擁壁を市内で探す

旧県庁裏の擁壁。左下に見える石の間のオレンジ色の部分が天川

出島の発掘で出土した天川製の作業場跡

　軍艦島の目に見える世界遺産の中で最大のもの、それが周囲を取り巻く石積みの護岸というお話はすでにしましたが、じつはこの造りの擁壁は軍艦島にかぎらず、長崎市内のいろいろなところでも見ることができます。軍艦島の護岸と同じように、大きめの天草石を天川でつないだ外観は、軍艦島のそれとほぼ同じ印象のものも多く、明治時代の天川の擁壁探しをしながらの市内散策もまた面白いでしょう。

　例えば旧県庁があった場所は周囲からせり上がった土地で、江戸時代には海岸線だった場所。急峻にそそり立つ崖には石積みの擁壁が施工され、下部の石積みの隙間にはオレンジ色の天川を見ることができます。また擁壁の上部は綺麗に成形された石が並び、まさに軍艦島の護岸と同じルックスだと気がつくでしょう。

　かつての海岸線だったその先には、皆さんもご存知の出島があります。出島は長年埋立地のコンクリートに埋没していましたが、近年の発掘と保存活動のおかげで、ほぼ創建時の姿に再生されました。この出島にも作業場の基礎など、天川を使った遺構が残っています。

　海周りだけでなく、市内の奥地にも天川を見つけることができます。寺町通りと呼ばれる、寺が集中して建ち並ぶ通り沿いの民家をみると、家屋建造のために造った平場の擁壁が天川だったりします。内陸でも天川を使用したのは、隣接して流れる用水路や細流の水による地盤の劣化を防ぐためと思われます。

寺町通り沿いの民家の基礎に遺る天川の擁壁

世界遺産三昧
の船旅

長崎港は世界遺産の宝庫

　2015（平成27）年に登録された世界遺産。幕末から維新期の産業革命の歴史を今に伝える「明治日本の産業革命遺産〜製鋼・製鉄、造船、石炭産業〜」。その23施設のうち、なんと軍艦島を含めた8施設が長崎市内にあります。しかも、それら全てがGⅠツアーの航路上にあるというのだから見ないわけにはいきません。

　長崎港の西岸に横たわる三菱重工の長崎造船所や、東岸の高台に建つ旧グラバー住宅など、いずれも文明開化の時代に歴史が大きく動いた舞台の数々。長崎港が日本の近代化に欠かせない港だったということの証です。ここでは、船上からだと外観や一部しか見られない施設を詳細に紹介。ツアーご参加の際に、ぜひ参考にしてください。

世界遺産のひとつ、三菱重工長崎造船所の
第三船渠を上段渠頭側から眺めた全景（非公開）

長崎の世界遺産と産業遺産地図

- ジャイアント・カンチレバー・クレーン
- 木型場 [現・史料館]
- 占勝閣
- 第三船渠

三菱重工 ★

JR長崎駅
市役所
大浦天主堂 ★
旧グラバー住宅 ★
小菅修船場跡 ★
女神大橋

202

三菱重工

国際海底電線 ★
小ヶ倉陸揚庫

499
324

伊王島
香焼

横島 ★

高島 ★

中ノ島 ★

夫婦岩

軍艦島 ★

野母半島

499

95

戦艦武蔵を建造した
長船のバースNo.02

三菱重工長崎造船所〜見学できない世界遺産

　G I ツアーの船が出航して最初に対岸に見えるのが三菱重工長崎造船所（以降「長船」）。1855（安政2）年の長崎海軍伝習所の設置を受けて、大型船の建造と修理を行う工場として建設された「長崎鎔鉄所（後の長崎製鉄所）」がその前身になります。明治に入って三菱の経営となり、長崎造船所として操業を開始。第一次大戦時の土佐や、第二次大戦時の武蔵をはじめとした数々の戦艦を建造すると同時に、明治時代から現在まで名だたる豪華客船を建造してきた長船は、国内最大の重工業会社として操業してきました。

　そんな長船には、ジャイアント・カンチレバー・クレーン、占勝閣、第三船渠、そして旧木型場という4つの世界遺産があります。旧木型場を除く3つは現役の施設でもあるため、残念ながら一般公開はされていません。ただし巨大なクレーンと第三船渠の一部は、ツアーの船上からも観ることができます。

ジャイアント・カンチレバー・クレーン

世界
遺産

　G I ツアーの船が出航する常盤桟橋の対岸に聳えるのが、巨大な鉄骨製の「ジャイアント・カンチレバー・クレーン」。カンチレバーは「片持ち」と訳され、一端を固定して、もう一方で荷物をささえる構造のこと。その金槌のような形から「ハンマーヘッド・クレーン」ともいわれます。1909（明治42）年に、イギリスのグラスゴーから部品を輸入し、日本で最初に組み立てられた巨大クレーンでした。同時代にイギリスからやって来た巨大クレーンで国内に現存するのはわずか3基。横浜のものはすでに稼働しませんが、佐世保のクレーンは長船と同様に現役です。

船上から見えるクレーン

そそり立つ船渠の側面は、渠底から見上げるとダムのよう（非公開）

その次に見えてくるのが第三船渠。ゲートの外壁やそそり立つ渠側（船渠の側面）の一部を船上から観ることができます。1905（明治38）年の竣工当時、東洋一の大きさを誇った巨大船渠で、100年以上経った今でも現役。渠内に海水を満たして船を入れ、ゲートを閉めて排水したあと、船の建造や修理を行うドライドックです。

竣工当時は、横浜のランドマークにある横浜船渠第2号ドックと同じように、階段状の渠側でしたが、昭和30年代の拡張工事の時に階段状の部分を削り落とし、現在の規模（276.6メートル×約38.8メートル）に

なったそうです。オリジナルの渠底部分には御影石が整然と並び、コンクリートで造られた拡張部分の渠底との違いがはっきりとわかります。また、ダムのようにそそり立つ渠側の稜線からは、なだらかな傾斜地を削り取って建造したことが見てとれます。

なんと、戦前には船渠で水泳大会が開かれていたというから驚きです。今ではありえない話ですが、その光景は実際に見てみたかったですね。

入船させた後に海水を排出するポンプは、イギリスの

シーメンス社製。分厚い鋼で覆われた無骨なポンプで、現代と比べるとはるかに頑丈な造りは、この時代の特色です。注水に約3時間、排水に約5時間を要するという巨大船渠は、産業革命の香りを今に伝えています。

船渠で行われた水泳大会の様子。1956（昭和31）年（史料館蔵）

渠底（上画像）および中段からゲート方向を見た光景（非公開）

船上から見える第三船渠

船渠のゲート。下部に見える8つの丸い孔から海水を注入（非公開）

シーメンス社製のポンプ（非公開）

以上、船上からのもの以外総て取材許可のもとで撮影

占勝閣

　第三船渠に隣接する木立の中に建つのが、長船の迎賓館である「占勝閣（せんしょうかく）」。内覧のハードルがとても高く、一般見学はもとよりメディアの取材もいっさい受け付けない、ベールに包まれた施設です。1904（明治37）年に竣工したトンガリ屋根の洋風建築は、丸の内の三菱オフィスの基礎を築き、慶應義塾大学関連の建築でも知られる曾禰達蔵（そねたつぞう）の設計によるもの。占勝閣を訪れることができるのは、巨大船舶を発注したオーナーや長船就労者の退職の時だけ。公開規制が厳しいのは、長年勤め上げた職員がやっと見られる迎賓館を、そう易々と公開するわけにもいかない、といった事情があるとかないとか。どんな館内か、想像がかき立てられる世界遺産といえるでしょう。

占勝閣の外観遠望

史料館（旧木型場）の外観

史料館（旧木型場）

長船の世界遺産で唯一見学できるのは、かつて鋳造物の木製鋳型を製造していた「木型場」と呼ばれる工場跡。現在は造船所の史料館となっていて、申し込みによる一般の見学も可能です。

史料館には、幕末から現在にいたる長船の歴史を貴重な資料とともに展示。鎔鉄所建設のための護岸工事で使われた潜水器具「泳気鐘（えいきしょう）」をはじめとした黎明期の工作機器やタービン、高島・軍艦島航路で活躍した社船「夕顔丸」の大きな舵輪をはじめとした三菱創業期の遺産、戦艦武蔵の建造に使われたハンマーや支鋼切断用斧などが展示された武蔵コーナー、そしてこれまでに製造してきた巨大プラントの一部や豪華客船の写真など、三菱の足跡を振り返ることは、そのままニッポンの重工業の発展をかえりみることだと実感できる、素晴らしい史料館です。

なお旧木型場行のシャトルバスから、ジャイアント・カンチレバー・クレーンを間近で見ることができるので、史料館見学の際にはお見逃しなく。

玄関上のキーストーン

入口の横で待ち構える三菱の創業者、岩崎彌太郎の力強い銅像

【史料館（旧木型場）】
しりょうかん（きゅうきがたば）

住 長崎県長崎市飽の浦町1-1　JR長崎駅前から専用シャトルバスで約20分（要電話予約）📞 095-828-4134
時 9：00 ～ 16：30　完全予約制　第2土・年末年始休
料 大人800円、小・中学生400円、未就学児：無料

史料館内に遺る明治初期の支柱と思われる鉄柱

1962（昭和37）年まで、長崎と高島・端島間を運行した社船「夕顔丸」の舵輪

運航時の夕顔丸の勇姿

小菅修船場跡 ～「ソロバン」をみんな勘違い

長崎港の玄関口、小菅と名のついた入江の奥に鎮座するのが、国内で現存最古の煉瓦建築物にして世界遺産の小菅修船場跡。グラバーと薩摩藩によって1868（明治元）年に建造された、国内初の西洋式スリップドックです。蒸気機関で動く巻上機は、グラバーが故郷のスコットランドから部材を取り寄せ、国内で組み立てられました。ほどなくして明治政府の所有となり、その後三菱に払い下げられて、今も三菱重工が所有しています。

頑丈そうな歯車と木製の蒸気機関の巻上機はまさにスチームパンク！

スリップドックとは、船架（船を載せる台）を使って船を引き揚げるドックのことで、満潮の時に海中まで落とした船架に船を載せ、スロープ状のレールを使って巻上機で引き揚げる仕組みのドック。その船架の形がソロバンに似ていたことから、「ソロバンドック」ともよばれます。現存する船架が四角い板の羅列なので、それをソロバンの玉と説明しているのをたまに見かけますが、これは後年に設置されたもので、ソロバンの元となった船架は、残念ながら現存していません。

入江の突き当たりに佇む小さな建家が巻上機小屋。前面の板貼り部分を除いて、建屋のほぼ全体を覆う煉瓦は、幕末から明治時代の初期にかけて長崎で製造された「蒟蒻煉瓦」とよばれる特殊な煉瓦。厚さが現代の煉瓦に比べて3分の2程度に薄いのが特徴です。蒟蒻煉瓦については、この章の最後のコラムで触れているので、そちらをご覧ください。150年の風雪を耐え抜いた煉瓦の建物には、長い歴史を乗り越えて来た産業遺産の風格が漂います。

巻上機小屋の中にあるのが、ボイラーと蒸気機関、そして巨大な歯車です。ボイラーは明治の中期に付け替えられたものですが、歯車や蒸気機関は創建当時のもの。木製の蒸気機関と、力の伝わり具合がはっきりと見てとれる巻上機、そして煉瓦で覆われたボイラーは、まさにスチームパンク！　分厚い鋼でできた歯車は、第三船渠のポンプと同様に、文明開化期の限りなく頑丈な造りを今に伝えています。

巻上機小屋から海中に向かって一直線に伸びる船架のレールは、真っ赤に錆びついて、時の流れを感じさせてくれます。長船のような巨大さや、グラバー住宅のような派手さはありませんが、いぶし銀のような渋さで光を放つ小菅の修船場。そこにはニッポンの産業の夜明けがしっかりと刻まれています。

巻上機小屋の外観。外にある2基の巻上機は後年のもの

操業時の模型。中央に架台の形がソロバンドックの由来。
長崎造船所史料館蔵

船上から見える修船場跡

美しい蒟蒻煉瓦の壁

軍艦島の古い護岸とおなじく、天川で接合されたドックの護岸

現在も遺る2代目のボイラー

操業時のボイラー。当時は木製カバーがついていた。史料館蔵

150年もの間、海水に晒されて来たレール

【小菅修船場跡】
こすげしゅうせんばあと

住 長崎県長崎市小菅町5　JR長崎駅前か
ら長崎バス「野母半島方面　戸町経由」
乗車15分、「小菅町」下車、徒歩5分
☎ 095-828-4131（造船史料館）
時 外観は24時間（内覧は要電話）
料 入場料無料

女神大橋と軍艦島

　小菅修船場跡から少し南下したところに、2005（平成17）年に完
成した女神大橋があります。この女神大橋までが長崎港で、それ故
に長崎港、ひいては長崎への戸口という意味で、その一帯は戸町
といわれます。ちなみにこの女神大橋は巨大な吊橋で、左右に立つ
主柱の高さが170メートル、主柱の間が480メートル。すなわち軍
艦島はこの主柱の中にスッポリと入る大きさということになります。

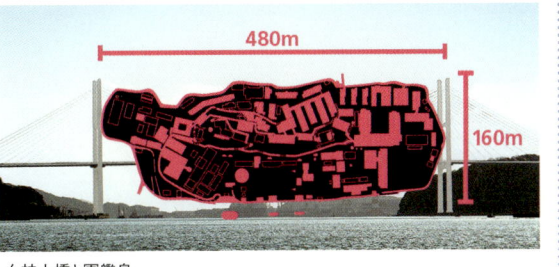
女神大橋と軍艦島

旧グラバー住宅　〜ニッポンの近代化はココから

幕末に、貿易商としてスコットランドからやってきたグラバー（Thomas Blake Glover、1838〜1911）が、1863（文久3）年に建てた住居跡。国内最古の木造洋風建築である旧グラバー住宅も世界遺産の1つです。

グラバーは、1859（安政6）年に弱冠21歳で来日。グラバー商会を設立し、倒幕の志士や幕府など、あらゆる買い手と武器の取引をして財を築きました。国内初の蒸気機関車（アイアン・デューク号）を長崎で走らせ、国内初の西洋式ドックである小菅修船場を建設し、後述の高島炭鉱では国内初の洋式竪坑だった「北渓井坑」を開削するなど、グラバーが日本の近代化に果たした役割は計り知れないものがあります。

そんなグラバーが住んだ旧グラバー住宅は、コロニアル・スタイルの優雅なテラスやキーストーンを模し

花壇とグラバー邸

た装飾と、瓦屋根や竹小舞を使用した漆喰壁などを融合した、和洋折衷の極みのような建物。施工に携わったのは小山秀（幼名：秀之進 1828〜1898）といわれています。小山秀は、天草出身の棟梁で、今で言えばゼネコンの親方のような立ち位置でしょうか。実は軍艦島や高島炭鉱の開発に携わった人物でもあります。

軍艦島の開発は明治の初頭から始まり、1890（明治23）年に三菱の経営になるまで、たくさんの人が携わってはそのつど失敗を繰り返していました。その中の1人だった小山秀も他の人と同様に技術不足で、軍艦島の開発にはあえなく失敗しています。しかし、小山秀をはじめとした下準備があったからこそ、三菱は軍艦島

をすんなり開発の軌道に乗せることができた、ともいえるわけです。

ちなみにこの小山秀。なんとくまモンの生みの親でもある小山薫堂さんの高祖父に当たる人物というから驚きです。知られざるエピソードを持つ旧グラバー住宅で、幕末維新の風を感じるのはいかがでしょうか。

トーマス・ブレイク・グラバー

夕暮れのグラバー邸

オリジナルではないものの、発見された設計図によって忠実に再現された厨房。床に縦並びで敷き詰められた蒟蒻煉瓦は圧巻です

【旧グラバー住宅】
きゅうグラバーじゅうたく

住 長崎県長崎市南山手町8−1 「大浦天主堂下」電停より徒歩7分 📞 095-822-8223 時 8:00〜18:00（通常）
8:00〜21:00（4月27日〜5月5日・12月22日〜12月25日）、8:00〜21:30（7月19日〜10月9日）無休
料 大人610円、高校生300円、小・中学生180円

園内にある3つのハートストーンのうちの1つ。さあ、他の2つは見つかるかな〜

裏庭にある花壇の囲いも蒟蒻煉瓦

幕末の志士をかくまったとされる隠し部屋

園内のカフェテリアで飲める「バンザイサイダー」は、1904（明治37）年に長崎で生まれた国内初の清涼飲料の復刻版

国内初のアスファルト舗装の道路も、グラバー邸の敷地に造られたものでした

当時の料理を再現した食堂。健康にはあまりよくなさそうですね

大浦天主堂は軍艦島のオーナーが建造!?

天主堂の正面

フランス寺ともよばれた創建時の大浦天主堂。（キリシタン資料室蔵）

小山秀

産業遺産ではありませんが、大浦天主堂も航路から見ることができます。秀吉の命によって処刑された二十六聖人への献堂として建てられた天主堂は、現存最古のキリスト教の教会堂で、国宝に指定されている貴重な建物。創建直後に浦上の潜伏キリシタンが訪れ、250年以上マリア様をお守りしてきたと告白した「信徒発見」の伝説で知られています。

実はこの天主堂も、軍艦島と深〜いつながりがあるんです。天主堂の基本的な設計は、当時着任していたフューレ神父（Louis -Theodore Furet、1816〜1900）とプティジャン神父（Bernard-Thadée Petitjean、1829〜1884）によるものですが、神父の構想を元に実際に建造したのが、旧グラバー住宅を手がけた小山秀。特にリブ・ヴォールトと呼ばれるコウモリ天井などは、当時の日本にはない技術でした。小山は知恵を絞り、日本家屋で使われる竹小舞をカーブさせてリブ・ヴォールトの曲線を生み出し、その上から漆喰で塗り固める方法を思いつきます。ヨーロッパの技法とは全く異なる造りですが、出来上がった天井は見事なもの。旧グラバー住宅と同様に、素晴らしい和洋折衷の建築です。

なお、現在の天主堂は1875（明治8）年から4年の歳月をかけて大改修されたもので、外壁は真っ白な漆喰で覆われていても、中の構造は煉瓦造。隣接して建つ旧羅典神学校は、9章に掲載のド・ロ神父の設計によるもので、周囲の低い壁や通路に、蒟蒻煉瓦を見ることができます。

なお、大浦天主堂は、「長崎と天草地方の潜伏キリシタン関連遺産」のひとつとして、2018年の5月に世界遺産登録の勧告を受けたので、この本が出版される頃には世界遺産に登録されていることでしょう。

【大浦天主堂】
おおうらてんしゅどう

住 長崎県長崎市南山手町5-3 「大浦天主堂下」電停より徒歩5分
電 095-823-2628 時 8:00 〜 18:00 無休
料 大人1000円、中高生400円、小学生300円

天主堂の正面に立ち、慈悲深いお顔で出迎えるマリア像

旧羅典神学校の通路に敷かれた蒟蒻煉瓦

囲い塀や通路が蒟蒻煉瓦製の旧羅典神学校

側壁に移設された創建当時の正面のバラ窓

潜伏キリシタンが信仰を隠して祈ったマリア観音。（キリシタン資料室蔵）

信徒が集うクリスマスの大浦天主堂

国際海底電線小ヶ倉陸揚庫～おしくも世界遺産に落選

陸揚庫の外観全景

こだわりの意匠が光る軒蛇腹

綺麗な蒟蒻煉瓦製の煖炉の煙突

女神大橋を越えてしばらく進むと、小ヶ倉という埋立地があり、そこにも煉瓦造りの建物がひっそりと遺っています。1871（明治4）年に建造された海底電線の陸揚庫で、デンマークのグレート・ノーザン・テレグラフが、国内に初めて国際海底電線ケーブルを陸揚げした場所です

長崎に点在する8個の世界遺産は、いずれも2015年に登録される10年以上も前から、ユネスコの顧問や、ユネスコの諮問機関であるイコモスの調査員によって調査された結果、登録にいたったものです。特にユネスコのスミス氏はこの小ヶ倉の陸揚庫にいたく感銘を受けたとのこと。その歴史や役割を考えれば、世界遺産の仲間入りをしてもおかしくなかった施設といえます。

創建当時の建屋は300メートルほど南の高台にありました。現在の建屋は、近年の港湾造成の時に移築再建されたものです。

この建屋の特徴は、外壁の約半分が蒟蒻煉瓦、残り半分が天草の砂岩で造られていること。長手積みの煉瓦壁も、イギリス積みの多い長崎では珍しい例といえるでしょう。煉瓦を1段だけ45度回転させて施工した軒蛇腹など、細部の意匠にもこだわりを感じる、珠玉の建築遺産です。

残念ながらツアーの船上からは見えませんが、市内からはバスでそれほど遠くないので、ぜひ訪れてご覧になってください。なお、普段内部は公開されていません。

（上）最初の部屋の内観（非公開）

（左）次の間の内観（非公開）

（右）煉瓦が敷き詰められた部屋の内観（非公開）

【国際海底電線小ヶ倉陸揚庫】
こくさいかいていでんせんこがくらりくあげこ

🏠 長崎県長崎市小ヶ倉町3丁目76-44　JR長崎駅からバス「野母半島方面二本松口経由」乗車30分、「柳」下車、徒歩5分　📞 095-829-1193（長崎市文化財課）

横島 ～幻の水没炭鉱

　小ヶ倉を越えると、やがて長崎造船所香焼工場の巨大なクレーンが見えて来ます。この香焼もかつては島で、外海に隣接する伊王島とともに、炭鉱で栄えた島でした。さらに、香焼と伊王島から南に点在する島々は、軍艦島をはじめそのほとんどが炭鉱で栄えた島です。そんな島々の中で、最も数奇な運命をたどったのが、香焼のすぐ近くにある横島。いまでは潜水艦のような姿で浮かぶ岩礁のようですが、これがかつて炭鉱島だった横島の頂上にあたる部分です。

　1894（明治27）年、高島炭鉱の不安な将来性や他財閥の進出に対抗するため、三菱によって操業を開始したのが横島を拠点とした横島炭鉱。軍艦島と同様に埋め立てと築堤が施され、2つの竪坑（南竪坑・北排気坑）を開削、電灯が完備され、尋常小学校や病院が設立されるなど、炭鉱島として整備されました。しかし、あまり良くない炭質だったうえに、たびかさなる断層との遭遇や盤膨れによって、1902（明治35）年に閉山、その短い炭鉱生命を閉じます。

　閉山から60年余経った1965（昭和40）年頃、突如島の周囲が次々と水没し始め、大部分が海中に没して現在の岩礁状の姿になってしまいました。遺された岩瀬に炭鉱の名残はなにもなく、かろうじて周辺の海底に、当時の石垣の一部が残存するばかりです。なお横島へは瀬渡し船が出ているので、未発見の炭鉱遺産探しに訪れるのもいいでしょう。ただし渡島の際には、ライフベストを着用のこと。

How to Access 横島へのアクセス

横島へは、堀切西港から出航する、釣り人の瀬渡し船「香洋丸」で行くことができます。要電話予約。090-8668-9997（永尾船長）　堀切西港は、市内から深堀・香焼・伊王島方面のバスに乗って約30分「深浦」下車。徒歩5分。

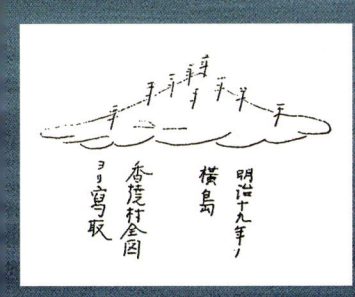

炭坑が開発される前の1886（明治19）年頃の様子

炭坑が操業した1900（明治33）年頃の様子

北渓井坑 ～ガッカリ観光地は近代化の原点

高島で石炭が発見されたのは軍艦島よりもはるかに古い1695（元禄8）年。五平太によるものといわれています。明治維新になって佐賀藩とグラバーが炭鉱の開発を始め、日本で最初の洋式竪坑、「北渓井坑」が造られました。従来狭い横穴を掘って細々と採掘していた日本の炭鉱産業にとって、大きな飛躍をもたらした功績から、この竪坑が世界遺産に登録されています。島内に遺る竪坑の跡は、一見ただの井戸にしか見えない、ガッカリ観光地かもしれません。しかし、ニッポンの近代化の原点ともいえる遺産なのです。

その後、1881（明治14）年に三菱によって本格的な操業がはじまり、以降、軍艦島とともに閉山まで三菱の経営下にありました。最盛期には、最悪の自然条件のもとで、当時国内最深の竪坑（965メートル）の掘削に成功するなど、めざましい業績を残しましたが、出炭不振と累積赤字により1986（昭和61）年に閉山しました。

現在では炭鉱施設やアパート群の殆どが撤去され、住宅地域の階段や事務所の跡など、幾つかの痕跡が残るばかりです。また港の近くには石炭資料館があり、前庭に展示された国内最大の軍艦島の模型は、一見の価値ありです。

ちょっとガッカリな見た目の北渓井坑

天川で造られた北渓井坑の内部

操業時の北渓井坑。木造のこちんまりとした竪坑櫓がみえます（日本大学芸術学部所蔵）

高島全景

北渓井坑とおなじく明治の
初期に造られた排気竪坑
の「南洋井坑」の内側

【高島炭鉱跡】
たかしまたんこうあと

🏠 長崎県長崎市高島町　長崎港大波止桟橋から高速船「鷹巣」か「俊寛」で約35分　📞 095-896-3110（高島地域センター）
🕐 9:00 ～ 17:00（石炭資料館）※島内は24時間　💴 北渓井坑や石炭資料館などの遺産系施設はすべて無料

島のはずれにあったグラバー別邸の跡

北渓井坑からほど近いところにある、排気竪坑の跡といわれる竪穴

島内に残る蒟蒻煉瓦製の擁壁

石炭資料館

石炭資料館

ジオラマを交えて炭鉱のいろはがわかる優れた資料館

100分の1の軍艦島の模型は国内最大

軍艦島で実際に使われていた御神輿（2代目）も展示

中ノ島 〜元祖!? 軍艦島

高島を越えると、いよいよ軍艦島が迫ってきますが、その手前で岩礁だけの島の横を通過します。高島と端島の間にあることから中ノ島と呼ばれたこの島も、かつて炭鉱で栄えた島でした。

1873（明治6）年に開発が始まるものの、軍艦島と同様に度重なる自然の猛威に抗いきれず、幾度もその開発を断念。その度に一進一退を繰り返していた1884（明治17）年、三菱が操業権を取得して本格的な開発が始まります。すでに完成していた竪坑を整備し、軍艦島のように護岸を築いて人工地盤を造り、その上にたくさんの炭鉱住宅を建造しました。

結局、坑内の湧き水に対処しきれず、三菱の経営下になってからわずか9年で中ノ島炭鉱は閉山してしまいます。しかし人工的なその姿は明治時代の軍艦島ともいえるもので、実際の軍艦島もこの島の経験をもとに開発されていったともいえます。

明治20年代といえば、三池炭鉱ではすでに強力なイギリス製のポンプを導入していた時期。中ノ島でも強力なポンプを導入できていたらその後も操業を続け、中ノ島が軍艦島になっていた可能性も否めません。あるいは、軍艦島が二つあったかもしれないですね。

中ノ島に遺る竪坑跡は、明治初期の形を今に伝える貴重な遺産

軍艦島から見る中ノ島の全景

　遠くから見ると岩礁のようにしか見えない中ノ島。でもその島内には、明治時代の炭鉱文化を今に伝える貴重な遺産が数多く遺っています。中ノ島の最大の遺産は何といっても竪坑の跡。1880（明治13）年に完成した旧竪坑は、大小の坑口が並列する明治時代特有の形で、その形が現在も遺るのは国内の炭鉱跡でこの中ノ島だけ。世界遺産のタイトル「明治日本の産業革命遺産」という基準で考えるなら、軍艦島に遺る明治期のすべての遺産よりもはるかに貴重な遺産といえるでしょう。

　また、内海側の海岸線には、かつての貯水槽と思われる煉瓦製の施設も残っています。蒟蒻煉瓦で覆われていることから炭鉱創業の頃のものと思われるので、旧竪坑に負けず劣らず貴重な遺跡です。そのほか、天

川で造られた人工地盤や蒟蒻煉瓦の擁壁、煙突の一部と思われる石造りの竪穴など、明治時代の炭鉱を今に伝える貴重な遺産の数々か島内に点在しています。

　また炭鉱閉山後の大正時代、高島炭鉱の発電所から軍艦島へ海底

電線ケーブルを敷設する際に、この中ノ島を経由して工事が行われました。南部の岩瀬には、いまもその時の工事の跡がしっかりと遺っています。悠久の時を超えて遺る、軍艦島に電力を供給したケーブルの姿には、感動が絶えません。

操業時全景。長崎市高島石炭資料館蔵

蒟蒻煉瓦の水槽

蒟蒻煉瓦と天川で作られた人工地盤

大正時代の電線ケーブル敷設の様子。『端島 軍艦島』より

大正時代に、高島の発電所から
中ノ島を経由して軍艦島へ海底
電線ケーブルを敷設した際の名残

古い時代の火葬炉。火葬炉はこれ以外にももう1基あります

中ノ島は炭鉱閉山後、昭和の頃から軍艦島の火葬場としての役割も担ってきました。面積の狭い軍艦島には火葬場はなく、島内で亡くなった方は中ノ島で茶毘に付され、お骨となって軍艦島へ帰ってきました。その火葬炉が2基、中ノ島には遺っています。

さらに昭和30年代には、島内に緑地公園が整備され、桜も植えられて、軍艦島から一番近い水上公園としての役割も果たしました。花見の季節にはたくさんの島民が訪れたのでしょう。今でも桜の木の下にはたくさんの一升瓶が、苔むしながら転がっています。

島の頂上には、ギリシャ神殿を彷彿とさせる展望台があります。かつては周囲の海原を見渡せる気持ちのいい展望台だったはずが、現在見えるのは鬱蒼と生い茂る木々ばかり。特に展望台の横に建つ「御大典記念碑」は、絡み付く蔦に飲み込まれ、まったく姿を見ることができないほどです。まるでジャングルのような中ノ島の頂上付近。しかし茂みを抜けてその先に続く階段を少し下りると、そのご褒美として、海にぽっかりと浮かぶ軍艦島の姿を見ることができるので、頂上まで行かれた方はぜひ。

はるか昔に炭鉱で栄え、その後、軍艦島の光と影を担った中ノ島。瀬渡し船が出ているので、時間に余裕のある方は、ぜひ訪れてみてください。

内部に骨壺を並べたと思われる棚のあとが遺る納骨碑

1955(昭和30)年に建てられた仏様

▶ 中ノ島へのアクセス

How to Access

中ノ島へは、野々串港から出航する、釣り人の瀬渡し船「第七ゑびす丸」で行くことができます。要電話予約。090-8225-8107（馬場船長）。野々串港は、市内から樺島行（戸町経由）のバスに乗って約45分「野々串港口」下車。徒歩3分

かつての花見で呑み棄てられ、木の根元に飲み込まれた一升瓶

いまでは何も展望できない展望台

アンコールワット化した御大典記念碑

頂上から眺める軍艦島

長崎の煉瓦は蒟蒻!?

国内初の建築用煉瓦だったハルデス煉瓦。史料館蔵 ❶

聖福寺の惜字亭。炉内を覗くと蒟蒻煉瓦を確認できます ❷

このコーナーで取り上げた遺産の多くには、ある共通点があります。それは長崎特有の「蒟蒻煉瓦」で造られたものがとても多いこと。蒟蒻煉瓦は、幕末から明治の初期にかけて長崎で製造された、一般のものより薄い煉瓦。焼成の技術がまだ未熟だったため、現代の厚さの約3分の2にしか焼き上げることができず、その薄い見た目から蒟蒻煉瓦と呼ばれました。

長崎で最初に蒟蒻煉瓦が作られたのは1861（文久元）年。オランダからヤーパン号（後の「咸臨丸」）に乗ってやってきた技術者ハルデス（Hendrik Hardes、1815〜1871）の指導のもとで焼かれ、長船の前身となる長崎製鉄所の建設に使われたものです。現代の煉瓦の厚みが5.5〜6センチくらいなのに対し、ハルデスの煉瓦は4〜4.5センチくらい。特にハルデスが製造に携わった蒟蒻煉瓦は、ほかの蒟蒻煉瓦よりさらに薄く、「ハルデス煉瓦」として区別されるようです。ちなみに、現在の煉瓦は蒟蒻煉瓦に対して豆腐煉瓦とよばれるとか。製鉄所に使われていた蒟蒻煉瓦は、その一部が長船の史料館に保存されています。

長崎製鉄所をはじめ、小菅修船場や軍艦島など、産

ヘンドリック・ハルデス

美しいアーチ蒟蒻煉瓦でできた大音寺影照院の山門 ❸

唐人屋敷の空堀跡に遺る蒟蒻煉瓦 ❹

新地に遺る蒟蒻煉瓦造の倉庫 ❺

新地の蒟蒻煉瓦倉庫の内部（非公開）❺

業関連の建造物に煉瓦が使われるのはよくわかります。しかし長崎の市内には、産業遺産に限らず様々なシチュエーションで蒟蒻煉瓦が使われていました。なかでも中国関連の施設に多用されているのには驚かされます。長崎四福唐寺の1つ、聖福寺の境内にある「惜字亭」とよばれる焼却炉がこの蒟蒻煉瓦製。また、大音寺の影照院山門も、美しいアーチ積みの蒟蒻煉瓦製です。

　現在中華街となっている新地は、江戸時代に唐人たちの倉庫がひしめいていた「新地荷蔵」の跡で、特に幕末の開国以来、倉庫街だった新地に居住する唐人が増え、多くの建物が造られました。当時建設された蒟蒻煉瓦造の倉庫や、唐人長屋街の石畳が、幕末の記憶を今に伝えています。

　個人の家でも蒟蒻煉瓦は使われました。長船の南に位置する西泊町にある佐藤家の倉庫も、その一部に蒟蒻煉瓦が使われています。

　さらに、1874（明治7）年に世界各地で行われた金星観測の際、長崎で使われた観測機の土台も蒟蒻煉瓦製でした。人類史上4番目に太陽を通過する金星を観測した歴史的快挙の舞台は、金比羅山中腹の鬱蒼と茂る木立の中に、ひっそりと眠っています。

　このように、長崎の市内には蒟蒻煉瓦の建造物がたくさん残っています。文明開化の証ともいえる蒟蒻煉瓦を探しながらの市内巡りも楽しいでしょう。

新地の蒟蒻煉瓦倉庫内部の壁面。ところどころに散見する豆腐煉瓦は、後年に補修された跡（半非公開）❺

新地の蒟蒻煉瓦倉庫に隣接して遺る当時の長屋街の石畳（半非公開）❺

佐藤家の石造倉庫A。分量のバランスは違えども、小ヶ倉の陸揚庫とおなじく蒟蒻煉瓦と天草砂岩の混合造 ❻

天体の子午線通過を測定する子午儀を設置したとおもわれる金星観測台の跡 ❼

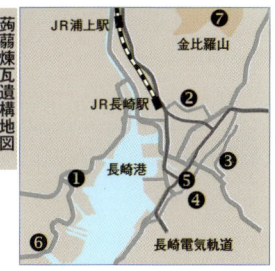
蒟蒻煉瓦遺構地図

徹底比較!! 池島 VS

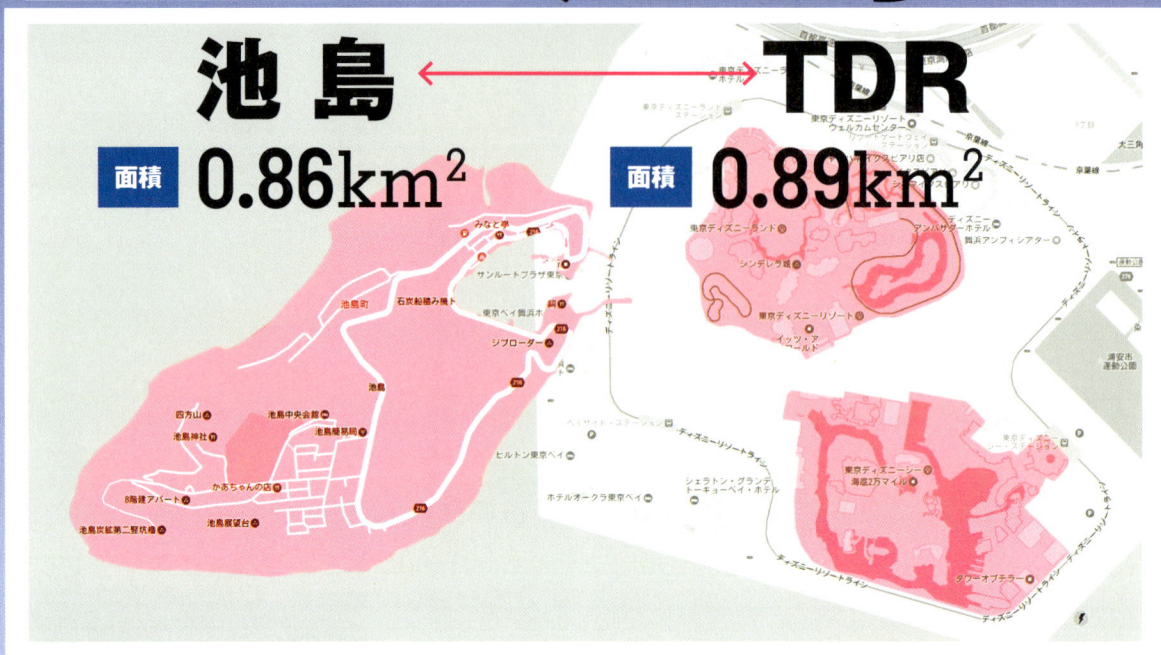

池島の面積

小菅修船場跡のページ（P107）で、軍艦島の大きさが女神大橋の2つの主塔の間にすっぽり収まる大きさとお伝えしましたが、ここでは池島の大きさを見てみましょう。軍艦島の面積は約0.06平方キロメートル、かたや池島は約0.86平方キロメートルで、池島が軍艦島の10倍以上の大きさだということは分かります。では池島は実際にどのくらいの規模なのでしょうか。グーグルマップやウェブデータでいろいろと探してみました。で見つけたのが東京ディズニーリゾート。ディズニーランドとディズニーシーのオンステージを合計したくらいの大きさだとわかりました。

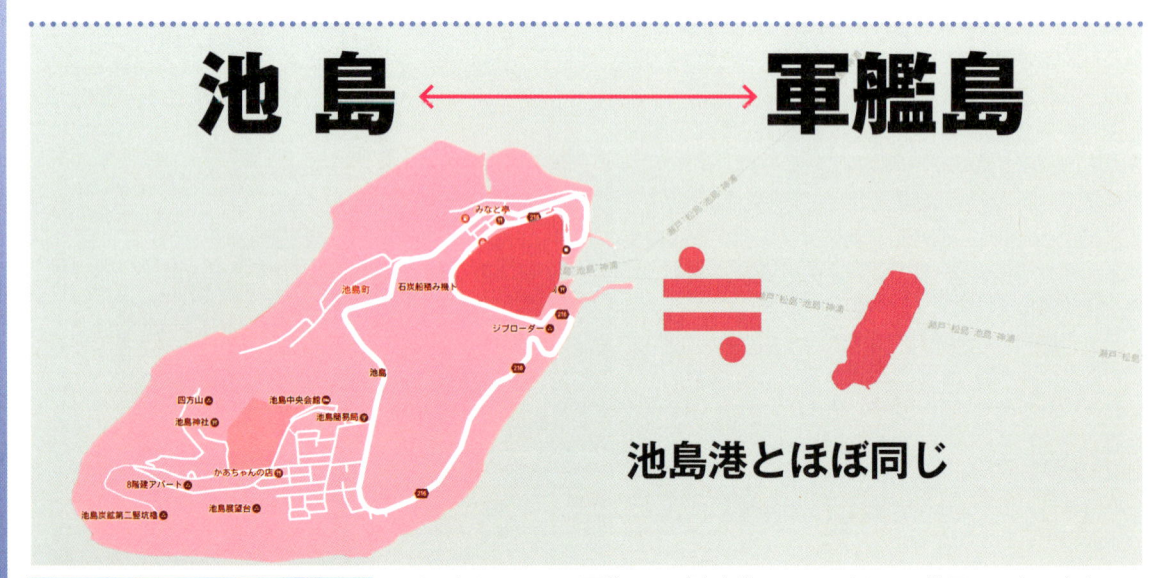

池島港とほぼ同じ

池島と軍艦島

池島の横に同じ縮尺で軍艦島を置いてみると、その小ささが際立ちます。なんと、その面積はほぼ池島港と同じ!!　池島へ行かれたことのある方はご存知だと思いますが、あの港の広さに5,000人以上が住んでいたのですから、世界一の人口密度はただものじゃありません。

軍艦島

この章では、池島と軍艦島を、さまざまなテーマをもとに比較してみました。島の大きさから操業した時代、炭鉱施設や生活の違いを通して、2つの炭鉱がどういうものだったかが、より鮮明にわかると思います。

人口と人口密度

狭い土地にたくさんの人が暮らした軍艦島の人口密度は世界最大！最盛期の人口密度が1平方キロメートル当たり約83,000人だったというから驚きです。しかもこの数字は島全体で計算した場合のこと。炭鉱施設を除いた住宅エリアで計算すると130,000人にもなります。これは現在の世界中のどの過密地域よりもはるかに大きな数字です。

対して池島の人口密度は最盛期で約18,000人。これも炭鉱施設を含めた数字なので、居住エリアだけでの計算ならもっと大きくなることでしょう。軍艦島の密度に比べると小さいですが、2018年現在の東京23区の人口密度が約14,500人なので、池島も最盛期には大都市圏なみの過密さだったことがわかります。

人口と人口密度

	軍艦島		池島
最大	5,000強		8,000弱
密度	約83,000 世界最大！		約18,000
現在	0		約150

炭鉱の操業

軍艦島の操業は、いちおう1890（明治23）年の三菱による操業開始をスタートとして、1974（昭和49）年までの84年間。文明開化から高度経済成長の終わりまで操業したことになります。かたや池島は出炭を開始した1959（昭和34）年をスタートとして、2001年（平成13）年までの42年間。高度経済成長の始まりから21世紀まで操業しました。すなわち軍艦島と池島の2島で、近代炭鉱の発祥からその終焉までを網羅することになり、G1ツアーでわざわざ2島を巡る意味もそこにあります。

明治時代には近代化を押し進め、帝国主義の時代には重宝され、戦後成長の時代には縁の下の力持ちとして活躍した、輝かしい「石炭人生」を歩んだ軍艦島。かたや、高度成長を軍艦島などとともに支えつつも、石炭産業の斜陽の時代に最後まで挑み続けた、いわば「苦闘の戦士」のような池島。同じ長崎の炭鉱ながら、2つの炭鉱は全く違う歴史を歩んできたのです。

炭鉱の操業

軍艦島	池島
84年（三菱時代）	42年（実質）

文明開化　〜　高度経済成長

高度経済成長　〜　21世紀

採炭

採炭とは石炭を採掘する作業のこと。炭鉱という職場の中でもっとも花形といえる部門です。軍艦島では、おもに人力で採炭が行われていました。炭層（石炭を多く含む地層）の傾斜があまりにもきつく、機械化できなかったことが原因といわれます。工事現場でなどでよく見かける、アスファルトを砕くハンドブレイカーと同じようなコールピックとよば

れる機器を使用して、手作業で採掘していました。

それに対して池島では、当初から大型の機械を導入し、特に後年ではレンジング・ドラムカッターとよばれる巨大重機で採掘していました。ドラムカッターは幾つもの切削刃が付いた、人の身長ほどもある巨大なドラムが両端で回転する重機で、1

台で数億円もするもの。当時国内で最先端の採炭機器でした（軍艦島でも、採掘現場が変わった最後の約10年は、同様の機械を導入して採掘していました）。

石炭を掘り出す、という点では同じでも、各炭鉱の条件によって様々な工夫をしなくてはならなかったのが採炭です。

軍艦島でのコールピックによる採炭風景（『端島「軍艦島」』より）

池島で活躍した最先端の石炭採掘機器「レンジング式ドラムカッター」

石炭の生産

掘り出した石炭はそのまま出荷するわけではありません。ボタをはじめとした混入する不純物や廃石を除去したりして、より品質の高いものにして出荷されます。軍艦島では、基本的な選別は行われていましたが、不純物の混入率が極めて低かったの

で、ほぼそのままの状態で出荷していたといいます。一般的に、石炭を採掘したあとにできる空洞の埋め戻しにボタを再利用することが多いなか、軍艦島では他の炭鉱からボタをもらうほどだったようです。

かたや池島炭鉱では、最新のハイテク技術を導入し、究極の選別が行われていました。さらに後年には、

選別のみならず、さまざまなブレンドをして、石炭の質も自在にコントロールするまでにいたります。しかしこれは、国の石炭政策によって、本来の良質な状態での取引ができなくなった結果、苦肉の策で生み出された技でもあったのです。

石炭の生産

軍艦島	池島
基本的な選別	究極ブレンド
ボタほとんど無し	時代に翻弄されて

坑内の移動（水平坑道）

軍艦島も池島も、海面下500メートル以上の竪坑を降りたあと、水平に造られた基幹坑道を通って採掘現場へ行っていました。しかしその方法は、2つの炭鉱で大きく異なります。島の周辺を掘り続けた軍艦島は、深さはあるものの水平での移動距離が短かったので、ケージを降りた後、基本的には徒歩で移動していました。もちろん石炭はトロッコで運び出すので、石炭を満載したトロッコが走る横を歩いていたわけです。

かたや池島炭鉱では、採掘現場がどんどん遠隔化していったので、最終的には世界最速の坑内電車を導入して対応しました。導入前は、片道2時間以上もかかり、往復で4時間、それに昼食の1時間を足すと、実質働ける時間は3時間にも満たなかったそうです。なお軍艦島では、採掘現場が変わった最後の約10年は、水平坑道も長距離化していたので、池島炭鉱と同様、人もトロッコで移動していました。しかし、高速電車などがまだない時代のこと。結局、採掘現場の遠隔化による費用対効果の減少が、軍艦島が閉山した最大の理由です。

軍艦島の坑底坑道を歩く炭鉱マンたち（『端島 軍艦島』より）

池島で後年に導入された世界最速の炭鉱電車「女神号慈海」はドイツのシャルケ社製

坑内の移動（坑内斜坑）

水平坑道を移動したあとは、軍艦島でも池島でも、斜坑（斜めに造られた坑道）を移動して採掘現場へとむかいます。軍艦島の場合は、石炭の層が極端に傾斜していたため、炭層に沿ってまっすぐに降りることができませんでした。ケーブルカーにたとえると、下の駅と上の駅を最短距離で結ぶのが一般的なケーブルカーですが、最短距離では傾斜がきついので、斜め下と斜め上に対角線状に駅を設け、斜面を斜めに昇降するケーブルカーのようなものです。

池島にも斜坑人車はありましたが、それとは別に、特に池島らしい斜めの移動手段がありました。マンベルトとよばれるそれは、斜めに下るのではなく昇るための施設です。掘り進む炭層は、遠くなるにつれて徐々に深くなっていきましたが、ある場所で断層があり、それより先の炭層が急に浅い位置へ移動してしまったのです。それまで採掘していた場所より浅い位置へ移動するために考え出されたマンベルトは、人を運ぶためのベルトコンベア。動き続けるベルトに飛び乗って後ろ向きに座るのには、それなりの慣れが必要だったようです。

このように、同じ炭鉱は炭鉱でも、それぞれの炭鉱にあった開発をしなくてはならず、莫大な資金と準備と開発を必要とするのが炭鉱でした。

軍艦島の急な傾斜の仲卸人車。左の階段に立つ人の足元から、その傾斜の具合がわかると思います

後ろ向きに座って移動するマンベルト。約1キロの導入で、かなり疲労軽減に役立ったそうです

炭鉱アパート

軍艦島のアパートは、1916（大正5）年から1967（昭和42）年までの約50年にわたって、少しずつ建てられてきた建物が集まったもの。ニッポンのマンションの原点から、昭和初期のシンプルなデザインが施されたもの、戦後の階段室型や、土地を有効に使う雁行型まで、まるで特徴的な建物だけを移築した博物館のようです。そして、それらがリズム感を持って林立する姿は、世界で唯一の団地と言えるでしょう。

一方、炭鉱が創業した時と人口が増えた時に集中して建てられた池島の団地は、階数にバリエーションがあるだけで、その規格はほぼ同一です。島内に整然と並ぶ画一的でそれほど高さのない団地の光景は、まさに戦後の昭和の団地。軍艦島の団地に懐かしさを感じるのは、軍艦島の元島民の方々くらいでしょうが、池島の団地に郷愁を感じる方はたくさんいるはずです。

軍艦島は他に類例をみない唯一無二の団地

同一規格で整然と並ぶ「ザ・昭和の団地」的光景の池島

居室

軍艦島の炭鉱アパートの居室は、各時代でそれぞれ異なりますが、その中では大小の2間に狭い台所という2DKの造りがめだちます。トイレは、海底水道が敷設された昭和30年代の後半から室内に設置されるようになり、それ以前は共同トイレでした。また室内風呂は、島の頂上に建つ高級職員アパートと鉱長さんの社宅のみで、それ以外の建物には、閉山まで風呂は造られていません。ビックリするのは、戦中までの建物の台所に竈があること。鉄筋コンクリートの建物に造られた竈は、極めて不思議な光景としかいえません。

池島の炭鉱アパートは、一部高級職員を除いて、総て6畳と4畳半の2間、3畳のキッチンに水洗トイレ付きで、軍艦島の平均的な部屋と同じ間取りです。軍艦島との大きな違いは、総ての部屋に水洗トイレが付いていること。逆に、室内風呂がないのは軍艦島と同じです。さすがに池島の台所に竈はなく、当初からガス台を想定した構造でした。はじめはコンクリート製で、後年になって埋め込み式のシステムキッチンに替わっていったそうです。

軍艦島の古い時代の台所に施工された竈

後年になって付け替えられた池島の台所の水回り

水

軍艦島や池島のような小さな離島では、いかに水を確保するかが重要な問題です。軍艦島は湧き水が一切なく、池島でも、炭鉱の進出前は、島内の細流を井戸に貯めて使っていました。2島の炭鉱が操業してからの水の話は、すでに各章でお伝えしたので、そちらをご覧下さい。

軍艦島では最終的に、国内初の海底水道を敷設して、明治以来島民を悩ませて来た水問題が解決します。また池島では、国内初の海水淡水化装置を導入して、水問題を解決しました。莫大な経費がかかる設備投資にもかかわらず導入できたことは、軍艦島や池島の石炭が高値で取引されていたことのあかしでもあります。

長崎半島と軍艦島を繋いだ国内初の海底水道敷設工事の様子（『高島町の歩み』より）

池島の発電所に併設した国内初の海水淡水化装置（池島中央会館の展示物より）

黒歴史

最後に「黒歴史」とよばれる部分にも、少し触れておこうと思います。軍艦島には黒歴史とよべる時代が沢山あります。明治時代には、作業場の親方が暴利をむさぼった「納屋制度」という悪習があり、大戦間時代には、よくメディアでも取り上げられる徴用工の問題。さらには大正時代から昭和31年まであった遊廓、そして、100人以上の方が亡くなった大規模な産業事故も幾度もありました。国内最高クラスの石炭で、近代化から高度経済成長までニッポンの発展に貢献した軍艦島は、同時に、歴史の闇もたくさん併せ持つ炭鉱だったのです。

さて池島はというと、黒歴史とよべるようなものはありません。1959（昭和34）年に開業した池島炭鉱に、明治時代の納屋制度はもちろん、戦中の徴用工の問題も、そして遊廓もありませんでした。また、大規模な産業事故もなく、数名が亡くなる小さな事故が幾度かあったにすぎません。池島炭鉱は、いわば国内の炭鉱産業がつねに理想としてきた形を実現できた炭鉱ともいえると思います。

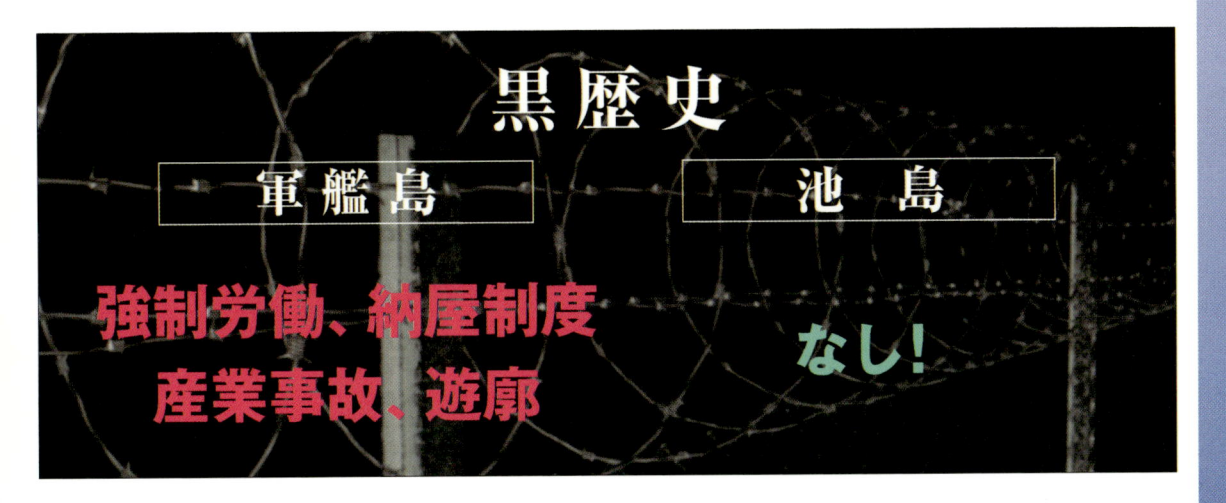

軍艦島デジタルミュージアム
～進化し続ける体感パーク

Chapter 6

「軍艦島シンフォニー」

ミュージアムを象徴するデジタル看板

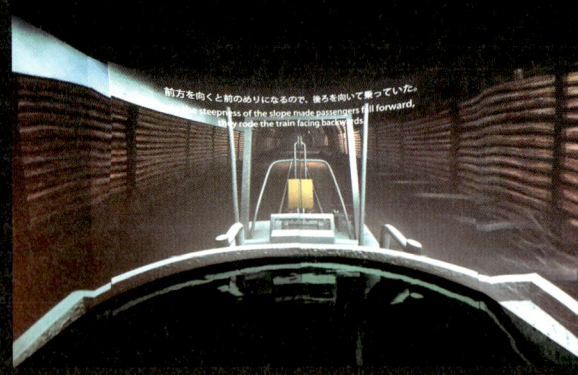

「採炭現場への道」

「軍艦島のアパートの暮らし」

　常盤桟橋からほど近い、大浦天主堂の坂の麓にある軍艦島デジタルミュージアムは、ＧＩツアーを催行する軍艦島コンシェルジュが運営するハイテクを駆使した軍艦島のテーマパーク。オープン以来進化し続け、現在も様々なコンテンツが増殖中のミュージアムは、まさに究極の軍艦島体感スペースといえます。

　１階で受付を済ませ、階段を登った先に広がるのは、かつて体験したことのない異空間。最初に出迎えてくれる幅30メートルのプロジェクション・スクリーンに圧倒されます。「軍艦島シンフォニー」と名付けられた映像作品には様々な趣向が凝らされ、まさに軍艦島の交響曲。迫力の音響効果とともに、デジタルで再構築された軍艦島の世界へと一気に惹き込まれます。軍艦島の映画館だった「昭和館」で育った木下さんの体験談に基づくお話で、よりいっそうリアルに輝く、究極の軍艦島ビジュアルコンテンツ。

　隣接して展示される「採炭現場への道」は、かつて軍艦島で実際にお仕事をされた井上さん監修のもと、竪坑の入坑から採炭現場までをリアルに再現したＣＧアニメーション。まさに地底1,000メートルへ入って行くようです。

　さらにその隣には、島内最大の建物、65号棟の１室をジオラマで再現した「軍艦島のアパートの暮らし」。端島ご出身の方々からは、すこし綺麗すぎるというご指摘があるものの、配置された家具調度などは、さながら公立博物館にも匹敵する完成っぷりです。

3階の約半分は、2階と同じように、デジタル機器を駆使した展示の数々。真っ白い軍艦島の模型に、プロジェクションマッピングで操業時の様々な姿を投影しながら、背後には島の四季折々の記録映像が流れることで、人がいた時代の軍艦島を立体的に体感できる「シマノリズム」や、軍艦島の思い出を綴る言葉と操業時の写真が、ランダムに立体オブジェに浮かび上がる「軍艦島の表情」など、いずれも従来のミュージアムにはない演出に驚きます。

「シマノリズム」

　その隣は、うってかわって資料的な要素が強いコーナー。特に建築専門家による国内初の鉄筋コンクリートの集合住宅「30号棟」の考察や保存方法の展示は、ここでしか見ることのできない詳細なリポート。精巧に作られた30号棟の立体模型とともに、何時間いても飽きないスペースです。そのほか、国内初の海底水道敷設工事の記録映像など、貴重な資料が満載。元島民の石川さんによる補完ガイドで、より一層詳しく知ることができます。

　また、1962（昭和37）年まで軍艦島の島民の足として活躍した社船「夕顔丸」の精巧な模型や、閉山後の体育館の崩壊過程を模型で制作した「崩れ行く軍艦島」、島内のバーチャルツアーが楽しめる「軍艦島3D散歩」や「軍艦島VR」など、隅から隅まで垂涎の展示物がオンパレード。

「軍艦島30号棟」

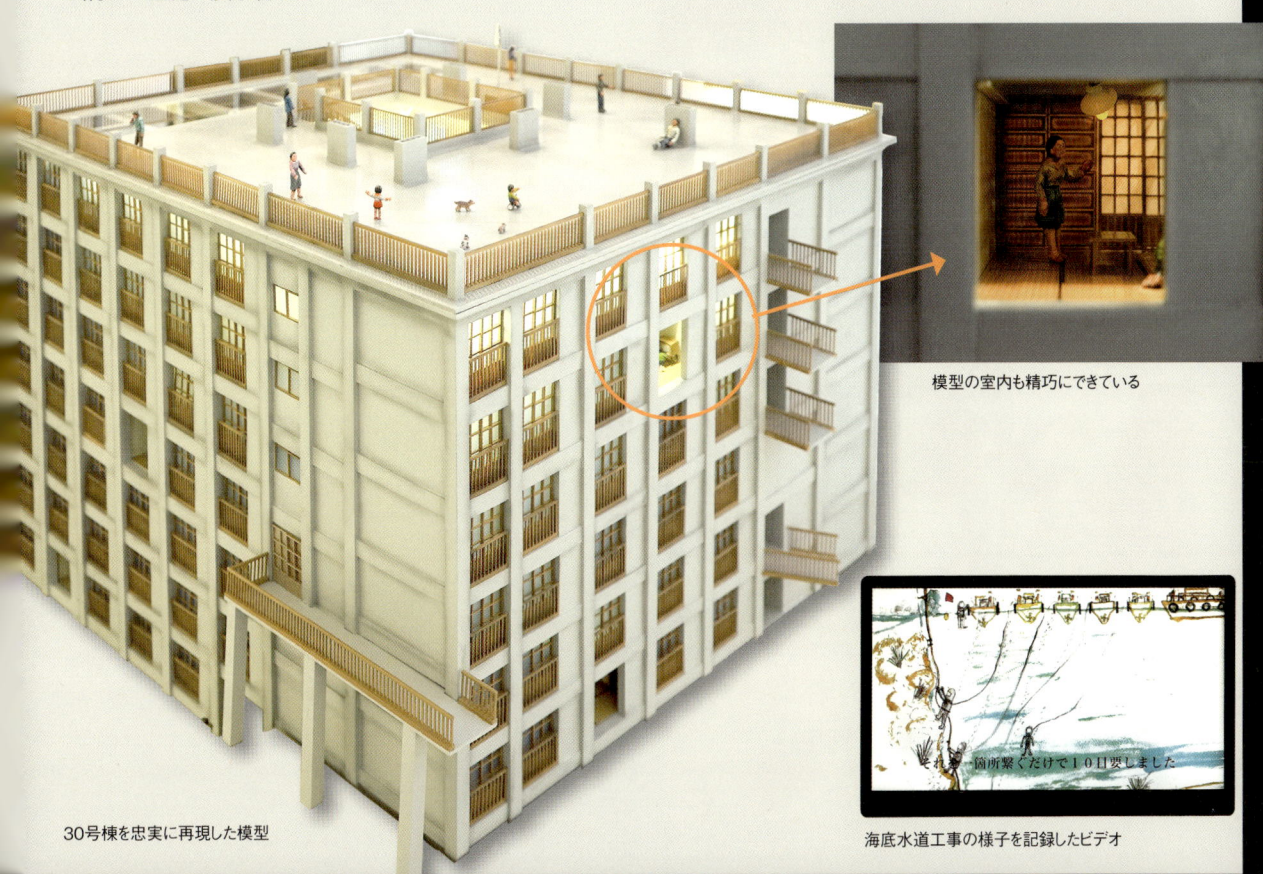

模型の室内も精巧にできている

30号棟を忠実に再現した模型

一箇所繋ぐだけで１０日要しました

海底水道工事の様子を記録したビデオ

「地獄段シアター」

島の守り神である端島神社を再現したコーナー

「パノラマ世界遺産」

ゲームプレイ光景

2018年の春に増設オープンした4階に上がると、軍艦島で最も有名な名所として知られる地獄段が出迎えてくれます。2017年に東京で上演された、軍艦島をテーマにした演劇「バッキャロー」シリーズの舞台セットをそのまま移設した、等身大のジオラマ。地獄段の奥には端島神社が鎮座しています。BGMとして流れるのは、軍艦島の島民によって作詞作曲された「端島音頭」。

また4階奥のコーナーにあるのは、7面の巨大スクリーンを駆使したインタラクティブVRの「パノラマ世界遺産」。その名の通り、国内の産業世界遺産のみならず、世界各国の世界遺産に登録されている産業遺産をコントローラーで自由に見られるシステム。1日グリグリしていても飽きないコンテンツです。

さらにオプションで申し込むとMRホロレンズを使用した「軍艦島のガンショーくん〜かがやくブラックダイヤモンドをさがせ〜」に参加が可能。軍艦島のゆるキャラ、ガンショーくんの案内に連れられて館内を探索。その後、ゲームスペースではバーチャル採炭体験も。たくさん石炭を掘り出して、採掘量を競うゲームに、参加者も白熱することうけあい。

軍艦島を立体的に体感できる究極のミュージアム、それが軍艦島デジタルミュージアムといえるでしょう。

https://www.gunkanjima-museum.jp/

4F

ゲーム画面に登場するガンショーくん

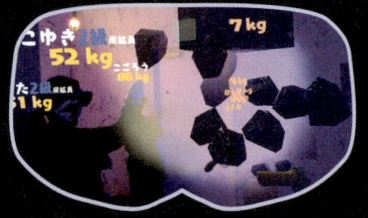

採炭機器をグレードアップしながら石炭を掘ろう!

軍艦島のガンショーくん

MRホロレンズに登場するガンショーくんは、2017年に誕生した、軍艦島のゆるキャラマスコット。頭にでっかい軍艦島をのっけた岩礁という設定からしてインパクト大。その姿とは裏腹なゆるい動きで、子供たちを中心に人気のキャラクターです。

「はるか昔。ユーラシアプレートのとある海の底。地殻変動で生まれたちいさな岩礁が、軍艦島のガンショーくん。頭にハイカラなコンクリートのぼうしをかぶせてくれたニンゲンのことが大好きで、今日もニンゲンがやってくるのを待っているとかいないとか……」のガンショーくんは、早くもCMでひっぱりだこ。カステラやロールケーキなどのお菓子から、Tシャツやキャップなどのグッズ、さらにガンショーくん路面電車まで、留まる所を知らないガンショーくん熱は、これからも続きそうです。

これが軍艦島のゆるキャラ、ガンショーくん

-昭和49年- 閉山

世界遺産

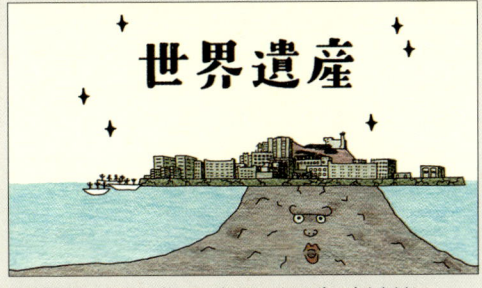

軍艦島の歴史を楽しく学べる、ガンショーくんの生い立ちをまとめたショートムービー

ガンショーくんグッズもたくさん取り扱う1階のショップ

着ぐるみのガンショーくんは、ツアー後の桟橋で出迎えてくれるかも

箱を保存しておきたくなるガンショーくんのかすてら

なんと、ガンショーくんの路面電車まで登場!

Chapter 7

長崎の食 お薦めガイド

ちゃんぽん発祥の店、四海樓のちゃんぽん

意外と奥深いご当地グルメNo.1! ～チャンポンと皿うどん

　長崎のご当地グルメナンバーワンといえば、なんといってもちゃんぽん。明治時代、中華料理店（現在の四海樓）を経営していた陳平順さんが、在日の中国人留学生に少しでも美味しく栄養価の高い食事をと思って考案したのが始まりといいます。

　スープは、鶏ガラが基本のあっさり味。白濁しているので豚骨ラーメンと思われがちですが、出汁を麺や具材と一緒に炒めることで、具材の脂分が溶け合って白濁し、まろやかなコクが生まれます。もちろん豚骨とのブレンドもあり。

　また、ちゃんぽんには「ちゃんぽん麺」を使わなくてはいけません。かん水と成分は同じものの、その配合が違う唐灰汁（とうあく）を混ぜて作るのがちゃんぽん麺。実はこの唐灰汁、作れる免許を持つ人が極めて少なく、製麺所も長崎市内の限られた工場のみ。基本的には市内にあるちゃんぽんを出す店だけで消費されてしまいます。全国展開で知られるちゃんぽんのチェーン店は、唐灰汁麺を使用していないので、厳密にいうとちゃんぽんではありません。でも、長崎市内には好きな人が意外に多いのに驚き。ただし、ちゃんぽんとしてではなく、そのお店の麺料理としてめし上がっているようですね。

康楽（かんろ）

市内一の飲食店街、思案橋横丁の真ん中に店を構える康楽は、無造作に4卓が並ぶ飾り気のない店。しかし、市内には根強いファンが多い名店。食べやすさとコクの絶妙なバランスに舌鼓間違いなし!

🏠 長崎市本石灰町2-18
　「思案橋」電停より徒歩1分
📞 095-821-0373
🕐 18:00 ～ 23:30　月休

寿々屋（すずや）

唐人屋敷の一角に店を構える寿々屋は、そのロケーションや店構えに魅了されます。タンメンにも近いさっぱりとしたちゃんぽんは、体を巡って浄化されるよう。凶弾に倒れた伊藤元長崎市長の色紙が涙を誘います。

🏠 長崎市十人町10-15　「市民病院前」電停より徒歩5分
📞 095-822-0996　🕐 10:00〜19:00　日、祝、第2・第4月休（不定休あり）

大波止桃華園（おおはととうかえん）

長崎の表玄関、大波止桟橋からほど近い桃華園は、キタナシュランの称号を冠しても良さそうな店構えながら、地元のファンが多い名店。特に皿うどんは、甘い味付けの多い長崎料理の中でも群を抜く甘さなので、一度お試しあれ。

🏠 長崎市元船町15-5　「大波止」電停より徒歩1分
📞 095-825-8417
🕐 11:00〜14:00／17:00〜22:00　日休

　ちゃんぽんと双璧をなす長崎のご当地料理が皿うどん。出前の際に、ちゃんぽんの汁がこぼれないようにと、汁の量を減らして盛りつけたのが始まり。ちゃんぽんとおなじく陳さんの考案です。麺はちゃんぽん麺を使用した太麺と、油で揚げた細麺（通称パリパリ麺）があり、本来はちゃんぽん麺が元祖ですが、パリパリ麺しか食べない長崎人もたくさんいます。長崎では、大皿で出前をとり、家族などでシェアして食べるのが習わしだとか。

　皿うどんの最大の特徴は、ソースをかけて食べること。最初に長崎でその食べ方を聞いた時は驚きましたが、今ではソースがないと食べられません。見た目が中華料理の五目焼きそばに似ていることから、酢をかけたがるお客さんが多く、中華街の有名店ではついに常設されてしまいました。しかし皿うどんはソースをかけて食べてこそ、初めてご当地の味が堪能できるでしょう。

　そのほかの麺類としては、汁のない麺料理のパンメン（拌麺）を供するお店もあまたあり。具材と一緒に味付けされた、焼そばとも違う一品は、一度はまると病みつきです。また、ご当地グルメというわけではありませんが、町中華「永楽苑」のしいたけ肉そばは、地元の根強いファンが多い一品。寒い冬、熱々のトロみスープが体に沁みわたります。

永楽苑（えいらくえん）

ご当地料理ではないものの、地元の人たちからは絶大な人気を誇る「しいたけ肉そば」。基本的には塩味の餡掛けラーメンですが、町中華の真骨頂がここにあり!

🏠 長崎市江戸町1-8　「大波止」電停より徒歩1分
📞 095-821-0154
🕐 11:30〜13:45／17:30〜21:00　日、祝、第3土休

京華園（きょうかえん）

中華街の一端に大規模な店舗を構える京華園が供するニラパンメン（韮菜拌麺）は、素朴な味わいが沁みる一品。程よい甘さの醤油味は一度食べたら忘れられないでしょう。

🏠 長崎市新地町9-7　「築町」電停より徒歩2分
📞 095-821-1507
🕐 11:00〜16:00／17:00〜21:00　不定休

卓袱浜勝のお鰭

長崎卓袱浜勝 （ながさきしっぽくはまかつ）

リンガーハットの経営会社が運営する、リーズナブルに卓袱料理を楽しめるお店。松花堂弁当のような可愛い見た目は、本来の卓袱とは違いますが、最初はお手軽に卓袱を、という時にはオススメです。

住 長崎市鍛冶屋町6-50
「思案橋」電停より徒歩3分
📞 050-5869-5515
時 11:00～22:00　無休

卓袱浜勝のお膳

国内初の洋間といわれる春雨の間

花月 （かげつ）

江戸時代から丸山花街で営む老舗。料金はお高めですが、龍馬の刀傷や勝海舟の直筆書、国内初の洋間「春雨の間」などがあり、史跡にも指定されています。幕末の志士へ想いを馳せながら味わいたい卓袱料理。

住 長崎市丸山町2-1「思案橋」電停より徒歩4分
📞 095-822-0191
時 12:00～15:00／18:00～22:00 不定休

和華蘭の真髄〜卓袱料理

卓袱料理と言われてどういう料理か想像できる人はもちろん、卓袱料理という言葉すら聞いたことのない方もたくさんいると思います。しかし、この料理こそ、長崎発祥の、もっとも長崎らしい料理と言えるのではないでしょうか。

日本、中国、そしてオランダをはじめとしたヨーロッパの文化が早くから入り、それらが混ざり合ってできた長崎の独特な文化を「和華蘭」文化といいます。「和華蘭」は、よく分からないという意味の九州の方言「わからん」との掛け言葉にもなっています。つまり、長崎の文化はよく分からない、ということですね。

「お鰭」と呼ばれる鯛の身と鰭の入ったお吸い物からスタートして、東坡煮（豚の角煮）などの中華料理、刺身や焼魚などの和食、そして和風にアレンジされたパイなどの洋食を一度に食べる卓袱料理はまさに「わからん」料理。〆に中華雑炊が出たかと思うと、デザートにフルーツのゼリー寄せ、そして最後にお汁粉というように、通常では考えられない食べ合わせは、和華蘭文化を食で表した、極めて珍しい料理です。

元々は家庭料理からはじまったといいますが、現在では高級系料亭で供されることが多く、お値段もお高め。しかしリンガーハットグループの長崎卓袱浜勝など、リーズナブルに頂けるお店もあるのでチェックしてみましょう。

赤身を食べない長崎
〜長崎の魚介料理

　魚が美味しいのも長崎の特徴で、特に鯖や鯵などの光り物は絶品の一言。秋、脂の乗りきった「のもんあじ」は、鯵の概念を覆すほどの美味しさ。鯛や平政などの白身魚もよく食べられています。

　面白いのは、長崎では赤身を食べないこと。長崎の人に聞くと、光り物と白身があまりにも美味しいから、わざわざ赤身を食べない、と言います。そのため、県内で獲れたマグロは、ほとんど他県へ出荷されてしまうといわれるほど。大都市圏のスーパーでマグロの産地を見ると、意外にも長崎産が多いことに気がつくと思います。

　また、クジラも長崎名産の一つ。料理店の店先に「クジラあります」の暖簾を掲げている店も少なくありません。それだけ長崎にとってクジラは身近な食べ物。特にさえずり（舌）や百尋（小腸）といった、赤身以外の部位がとても好まれます。

　三角ミナも、長崎ならではの珍品。磯巻貝をミナというようですが、少し苦味のある身は酒のアテに抜群。爪楊枝などでクルクルと巻き出すのですが、これが慣れないとうまくいきません。何人かで食べるときは、誰が綺麗に取り出せるか競争するのもまた楽しいと思います。

鯵の概念をくつがえす「のもんあじ」

くじら盛り。中央上がベーコン（畝須の塩蔵）。右回りに百尋（小腸）、百畳（第一胃袋）、末広（畝須の湯引き）、さえずり（舌）、おば（尾肉の湯引き）

三角みな

プリッとした歯ごたえとあっさりした味の、肝付きうちわ海老も長崎では名産

松ふじ （まつふじ）

新鮮で美味しい刺身はもちろん、焼魚から煮魚、そしてミナからクジラまで、長崎の魚料理をトコトン堪能できるお店。牛刺も人気メニューです。

🏠 長崎市本石灰町3-13　「思案橋」電停・「観光通り」電停より徒歩2分　📞 050-5590-3582　🕐 17:30〜24:00　月休

大人様ランチ！
トルコライスって何？

　長崎イチのB級のグルメ、といえばやはりトルコライスをおいてほかにないでしょう。スパゲティを使ったパスタ料理と、ライスの炒め料理、それにカツを載せてカレーソースやデミソースをかけた、1,000kcal超え必至のガテン系ワンプレート。もっとも定番の組み合わせは、カレーチャーハンとナポリタンにデミソース掛けのトンカツですが、ライスがケチャップ和えになったり普通のチャーハンになったり、カツがコロッケやエビフライに代わったりと、それぞれの味付けやアイテムのバリエーションとその組み合わせで、何百種類ものメニューがあるお店があるほど。

　ネーミングの由来は、確かなものがなく、スパゲッティがイタリア、カレーがインドで、その間をカツが取り持っているから位置的にトルコとか、3つの味でトリコロールのトリコがトルコに訛ったとか、明治時代の時事新報に掲載された「土耳古めし」なる炊き込みご飯に後付けでカツとパスタ料理が付いたなど、確かなことがわからないトルコライス。ドライカレーがチャーハンになることもあるので、中国のチャーハン、日本で生まれたナポリタン、カツの発祥がフランスと考えると、トルコライスもまた「和華蘭」料理のひとつといえるでしょう。

ニッキーアースティン

スパゲティ、ライス、揚げ物、揚げ物に掛けるソース、それぞれの組み合わせで数百種類も選択肢があるトルコライスは、食べるメニューを決めるのにも、とっても時間がかかってしまう楽しいお店。

🏠 長崎市浜町2-20　「西浜町」電停より徒歩3分　📞 095-824-0276
🕐 11:00〜21:20　無休

レストランかじ

平和公園から少し北上した、南山中学校・高等学校のほど近くにあるのがシンプルな外観の町洋食店「レストランかじ」。ナポリタンにドライカレー、そしてデミソースのトンカツと、王道をゆく組み合わせで、そのお味も、想像通りの期待を裏切らない仕上がり。トルコライス初体験の方はぜひ！

🏠 長崎市本原町27-7 広井アパート1階　「大橋」電停より徒歩10分
📞 095-843-1055　🕐 11:00〜21:00　第1・3月休

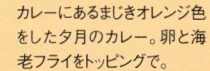

夕月（ゆうづき）

住 長崎市万屋町5-4
「観光通り」電停より
徒歩4分
☎ 095-827-2808
時 11:00〜20:00　無休

カレーにあるまじきオレンジ色
をした夕月のカレー。卵と海
老フライをトッピングで。

■ 変わりカレー対決

　長崎は、北海道のスープカレーのように、特にカレーで知られる街ではありませんが、中には長崎ならではの変わったカレーも。

　メインメニューを屋号にした「夕月カレー」。平皿に白いご飯を片寄せて円形に盛り付け、残りの隙間にカレーソースを流し込んだその形が三日月に見えるのもさることながら、何と言っても地平線から顔を出した

ばかりのお月様のようなオレンジ色のカレーソースに、最初はタジタジ。これが本当にカレーだろうか、と疑問を抱かない人はおそらくいないでしょう。しかし食べてみると、ちょっと変わった美味しいカレー。多くの長崎人が思い出として語ることが多いカレーです。

　軍艦島にまつわるカレーもあります。市内の中心地からは離れますが、野母崎の南寄りにある「カフェキッチンこっとん」では、その名もズバ

リ「夕日の軍艦島カレー」が食べられます。オリジナル製作の軍艦島の型で抜かれたライスを中心に、手前にカレーソース、奥に揚げ物やサラダが盛られた、トルコライスにも通じるカレー。9月の伊勢海老解禁の時期には、伊勢海老のフライがのった、伊勢海老軍艦島カレーも食べられます。近隣の高浜海岸は、海に浮かぶ軍艦島が真横に見える絶景スポット。こっとんと一緒に、ぜひ訪れたいものです。

**カフェキッチン
こっとん**

住 長崎市野母町568
JR長崎駅から長崎バス
「樺島・岬木場」行き乗
車1時間、「運動公園前」
下車すぐ
☎ 095-893-2115
時 11:00〜15:00／
17:00〜20:00　火休

これがこっとんの伊勢海老
軍艦島カレー。

長崎のソウルフード 〜一口餃子

長崎のソウルフードといえば一口餃子。少し厚めの皮に包まれてカリッと焼きあがった一口餃子は、とてもジューシー。少し濃い目の味付けは、ビールと一緒に流し込むのにうってつけ。また、サイドメニューの卵とじも捨てがたく、餃子と一緒に注文するのが基本のようです。

宝雲亭（ほううんてい）

長崎一口餃子の元祖。やんちゃな猛獣だったご主人と、そのご主人を手なずけた猛獣使いの奥さんのご夫婦、そしてアジアのスタッフが働く元気いっぱいの店。近年、すぐ近くに姉妹店の「とり福」を開店。長崎のお父さんは必ずお土産に買って帰ったといわれる骨つき唐揚げの店「江戸善」の職人を招き、伝説の味を復活させました。両店でそれぞれのメニューが注文可能というのも嬉しい話。とってもリーズナブルなソウルフードを是非ご賞味あれ。

🏠 長崎市銅座町15-13「観光通り」電停・「思案橋」電停より徒歩5分
📞 095-823-4042
🕐 18:00〜翌1:00 不定休

長崎のソウルフードといえる一口餃子

餃子とあわせて注文したい肝ニラ玉とじ

江戸膳よりさらに美味しくなったと評判のからあげの骨付き

ぱんのいえ思案橋店は、もともと東洋軒という老舗のパン屋さんがあった場所。東洋軒の閉業後に同所に開店し、人気商品だった「本家サラダパン」のレシピを受け継いで販売しています。そのほか「天然酵母パン」や30円の「日替わりミニパン」など。

ぱんのいえ

🏠 長崎市本石灰町2-13「思案橋」電停より徒歩0分
📞 095-895-8011
🕐 月〜木 12:00〜翌3:00／金〜土 12:00〜翌4:00 日休

呑みの〆に調理パン!?〜サラダパン

長崎人は、呑みの〆に豚骨ラーメンを食べるのはもちろん、調理パンも食べます。「ぱんのいえ」思案橋店の人気商品「本家サラダパン」は〆の一品として大人気。それもそのはず。パン屋としてはあるまじき深夜4時まで営業。丸いコッペに挟まれた素朴な味わいのポテサラと耳の赤いハム。ほどよい塩味が、呑んだ体を癒してくれます。もちろん朝食やランチにもうってつけ。

長崎スウィーツはやっぱりカステラ!

長崎ならではのスウィーツといえば、誰もがご存知のカステラ。ご当地だけあって、そのバリエーションは数知れず。季節の風味をプラスしたカステラはもちろん、餡をサンドしたカステラから桃の形をした砂糖菓子が載っかったカステラ、さらにはアイスクリームをサンドしたカステラ、果てはカステラ味のサイダーやキャラメルまで、さすがカステラ発祥の地だけある驚きのバリエーションです。

カステラの発祥は諸説あるものの、ヨーロッパから渡来した南蛮菓子を和菓子として改良したのがカステラ。各店舗によって原料から甘味料まで、それぞれこだわりの材料を使って作られています。全国展開で知られる福砂屋は長崎カステラの元祖といわれ、商標の蝙蝠は、その昔長崎に居留した中国人からわけてもらった砂糖を使用したことへの感謝の意をあらわしているとか。南蛮菓子を、中国の砂糖で味付けし、和菓子に仕上げたカステラもまた「和華蘭」なスウィーツといえるでしょう。

◀かぎりなく甘〜い桃カステラ

そこまでやるかッ!のカステラサイダーは懐かしいシロップ飲料の味で美味

世界広しといえど、カステラを祀った神社があるのは長崎だけ!?

春限定の桜カステラ

松翁軒（しょうおうけん）

住 長崎市魚の町3-19「公会堂前」電停より徒歩1分
☎ 095-822-0410
時 9:00〜20:00 無休

2階の喫茶室「セヴィリヤ」でくつろぐこともできる松翁軒本店

福砂屋、文明堂総本店と併せて、長崎カステラの3大老舗といわれる松翁軒。他の2店舗が全国展開しているのに対して、長崎と福岡での販売に限定しているために知名度が低いものの、その歴史は福砂屋と同様、江戸の中期に端を発する老舗中の老舗。チョコを使用したチョコカステラを最初に製造したことでも知られます。また、春のさくらカステラや秋の栗寄せカステラなど、季節限定をはじめとしたカステラのバリエーションも豊富。長崎空港でも多少の品揃えがあります。

チョコレート味のパッケージは軍艦島

ガンショーくんパッケージのカステラアイス

本来は洋菓子屋さんですが、人気のバニラアイスを自家製のカステラにはさんだカステラアイスは長崎ならではの味。バニラ以外にもチョコやビワなど6種類の味が楽しめます。そして、ニューヨーク堂とのコラボにより、ガンショーくんパッケージが登場！ ワンデイツアーを催行する軍艦島コンシェルジュで限定販売のカステラアイスは、帰りの船内で召し上がっていただけます。

ニューヨーク堂

住 長崎市古川町3-17「賑橋」電停より徒歩4分
☎ 095-822-4875　時 10:00〜18:30 無休

懐かしいおいしさ〜長崎のショートケーキ

もう1つ取り上げたい長崎スウィーツは梅月堂オリジナルの「シースクリーム」。カスタードクリームがきめ細かいスポンジに挟まれ、桜桃とパイナップルが生クリームと一緒に載るショートケーキ。昭和30年代の発売以来、長崎の人に愛され続けている定番スウィーツです。「シース」とは、もともとの形が豆の莢（さや）に似ていることから、本来莢を意味する「pod」と付けるべきところを、刀の鞘（さや）の「sheath（シース）」と間違えて命名してしまった事実が、ごく最近になってお店の関係者によって発覚したという逸話は有名。誰もが「懐かしい！」と感じる定番の美味しさ。

シースクリーム

梅月堂（ばいげつどう）

住 長崎市浜町7-3「観光通り」電停より徒歩1分
☎ 095-825-3228
時 10:00〜20:00 無休

軍艦島出身の大将の店で寿司をいただく

いつもげんきなタイチ大将

厚生食堂の操業時の外観

厚生食堂の麺どんぶり

厚生食堂が配布した手ぬぐい

市内イチの歓楽街、銅座の一角に店を構える「タイチ寿司」は、軍艦島出身の大将が切り盛りするお寿司屋さん。大将の太市さんは、軍艦島の島内で最も名の知られた食堂「厚生食堂」に生まれ育ち、昭和38年の18歳まで軍艦島で暮らした、生粋の端島人。

厚生食堂は、もともと三菱が運営する厚生施設の食堂だったが、後年になって民間の経営になった食堂。厚生食堂の名が島民に親しまれていたので、民間の経営になっても屋号を残したそうです。

厚生食堂の人気メニューはちゃんぽん。元島民の方々から「厚生食堂のちゃんぽんはうまかった」とよく聞きます。そんなちゃんぽんがなんと数年前に復刻！ 長崎市内のちゃんぽん製造会社とタイチ大将の共同開発で完成した「厚生食堂のちゃん

長崎名物、白鉄火

ぽん」。そのお味はというと、食べやすいあっさり味の中にしっかりとコクが混ざる、とても美味しくて食べやすいちゃんぽんです。

　そんな大将が握る寿司は、どれもがいぶし銀の美味しさ。苦味を感じる炙りや、じっくり寝かせたカイワレを使ったカイワレ巻きなど、他では食べられないものも。中でも白い鉄火巻といわれるヒラス（関東では平政）の巻物は、大将の十八番。戦後、長崎の寿司業界でなんとなく広まっていったのが始まりだとか。長崎の一夜、軍艦島の秘話を聴きながら食す白い鉄火巻はまた格別です。

　なお、タイチ寿司に限らず、白い鉄火巻を供するお寿司屋さんは市内にたくさんあるので、ぜひ一度お試しあれ。

厚生食堂ちゃんぽんの箱。
裏面には軍艦島とちゃんぽんの由来も

路地裏でキラリと光る外観

カウンターに約10席のシンプルな店内

厚生食堂ちゃんぽんの調理例。ピンクと緑の縁が付いた板はんぺんを使うのがちゃんぽんの基本。

┃タイチ寿司

🏠 長崎市銅座町5-16　「西浜町」電停より徒歩1分
📞 095-826-2744　🕐 17:00〜翌1：30　日休

鍋冠山の中腹から長崎港方向の眺望

2012年に、世界新三大夜景の1つに選ばれた長崎の夜景は、傾斜の多い土地と狭い入江によって創り出されたまばゆいまでの夜景。一般社団法人「夜景観光コンベンション・ビューロー」が、夜景鑑定士3,500人へのアンケートを元に、2012年に長崎で行なわれた「夜景サミット」で、香港、モナコとあわせて世界新三大夜景に認定しました。

　ところで、「1,000万ドルの夜景」という表現を聞いたことのある方もいるのでは。実はこの金額は消費電力を表しているとも。その昔、100万ドルだったのが1,000万ドルになったのは、時代に沿った電気代といわれています。ワンデイツアーのあとは、すこし脚を延ばして、夜景スポットへ出かけるのもいかがでしょうか。

【鍋冠山】
なべかんむりやま

夜景のイチオシスポットは、グラバー園が近い南山手からさらに南の高台へ上がったところにある鍋冠山の展望台。170メートルという標高はほどよい高さで、港が近く見えることや、連日のように入港する豪華客船が手前に停泊していることから、とても立体的な夜景をみることができます。［鍋冠山から稲佐山を望む眺望。枠内は密集する住宅街方面］

【稲佐山】
いなさやま

長崎の夜景スポットでは最も有名な場所。標高333メートルから眺める夜景は、長崎港とその周辺に広がる街が一望できる、最高のビューポイントです。市内からの無料送迎バスやロープウェイもあり、観光気分で訪れることができる点が◎。ただし鍋冠山の倍近い標高があるため、すべての灯に距離があり、少し立体感に欠けるところが難点かもしれません。［稲佐山からの夜景］

【大波止】
おおはと

高い所から観るだけが夜景ではありません。地面に立って観る夜景もまた格別。特に長崎港のメインの波止場である大波止の東に位置する出島ワーフから眺める稲佐山の夜景は、さながらディズニーシーの地中海越しに眺めるプロメテウス火山の夜景のよう。日が傾き出してから夜の帳が下りるまで、刻々と変化するマジックアワーを楽しみながら、出島ワーフのテラスより眺める夜景は格別です。

[上]
大波止の夕景。長崎港はマジックアワーがとても綺麗
[中]
観光丸が停泊している光景はとてもフォトジェニック
[下]
テーマパークの夜景にも匹敵する出島ワーフ

その見た目から竜宮門ともよばれる三門

Chapter 9

インスタ映え必至！長崎撮影スポット集

■ 赤寺を撮ろう

長崎の市内に遺る遺産は、そのどれもがカラフルな印象。特に寺町通りを中心に軒を並べる唐寺とよばれる寺院群は、ベンガラで真っ赤に塗られた建物が多く、京都や奈良の渋〜いお寺とはまったく違う印象です。

寺町通りのはずれにある崇福寺は、大河ドラマ『龍馬伝』のロケ場所としても知られ、竜宮城のような三門にまずビックリ。階段を上がると、待ち構えるのは国宝の第一峰門。門をくぐればもうそこは中国です。実は長崎市内には3つの国宝があり、そのうちの2つがこの崇福寺に。寺内にはもう1つの国宝大雄宝殿があります。そして最後の1つはすでに取り上げた大浦天主堂。それだけこの崇福寺は特別なお寺といえます。

興福寺は、おなじくベンガラで塗られているものの、少し落ち着いた雰囲気が特徴（といってもかなり紅い）。境内には木魚の原型といわれる「飯梆（はんぽう）」が吊るされ、今でも食事の合図として使われています。揚子江に棲む幻の魚といわれる鱀魚（けつぎょ）がモデルで、国内の禅寺に数多ある飯梆の中で、最高傑作といわれるもの。また、大雄宝殿の柱が歪んでいるのは、原爆の爆風によるもので、長崎ならではの遺産です。

さらに渋い印象の聖福寺は、瓦を使った造作がきわ立ちます。背後の斜面へ通じる山道の横に施工された瓦壁や大雄宝殿の鬼瓦など、まさにエキゾチック・ジャパン！ かわいい桃のレリーフが施された半扉や、県内で現存最古の鐘楼とあわせて、インスタ映え、間違いなしです。

そして長崎駅に近い場所にある福済寺を含め、すべて黄檗宗の禅寺で、長崎四福寺とよばれています。福済寺は、残念ながら創建時の建物が先の大戦で焼失してしまったため、他の三寺と印象は異なりますが、巨大な亀に乗った観音様は圧巻。現在では、世界平和を祈願するお寺としてその役割を果たしています。

いずれも国内のお寺としてはとても珍しい、異国情緒溢れる寺々。ぜひ訪れて、フォトジェニックなシーンを撮影してみては。

How to Access 赤寺へのアクセス

崇福寺	：長崎市鍛冶屋町 7-5
興福寺	：長崎市寺町 4-32
聖福寺	：長崎市玉園町 3-77
福済寺	：長崎市筑後町 2-56

崇福寺と興福寺、聖福寺と福済寺は、それぞれ同じ道の並びにあります。ちなみに、崇福寺と興福寺の間にある晧臺寺は、かつての軍艦島の和尚さんが閉山後に務めたお寺

1 崇福寺の国宝、第一峰門の扉の蝙蝠。古来中国では蝙蝠の「蝠」の発音が「福」と同じことから、吉祥の象徴として親しまれています 2 崇福寺第一峰門の扁額 3 豪快な書の扁額が折り重なる崇福寺媽姐門と媽姐堂 4 興福寺の三江会所門には、豚が通れないように「豚返しの敷居」がしつらえられています 5 興福寺の飯梆。飯梆は崇福寺にもあります 6 興福寺の庫裏に安置された唐棺 7 桃のレリーフがかわいい聖福寺大雄宝殿の半扉 8 聖福寺の目が血走っている鬼瓦 9 聖福寺の瓦芸術は必見 10 福済寺の巨大な亀に乗っている長崎観音様 11 観音様の中にはなぜかフーコーの振子が 12 亀山社中に通じる禅林寺横の坂道

二十六聖人準殉教地のレリーフ。
虚ろな表情を浮かべて宙に浮く聖
人達の姿は、悲しさを誘う

キリスト教関連施設を撮ろう

　県民の10人に1人がカトリック教徒といわれる長崎。潜伏キリシタンの歴史に支えられた長崎のキリスト教関連施設は、2018年の5月現在、世界遺産の登録勧告を受けました（おそらく7月には登録されているでしょう）。構成遺産に入っていない施設も含めて、キリスト教の関連遺産は、いずれも長崎特有の文化を今に伝えています。

　長崎駅前の坂を登った丘にある二十六聖人記念碑「昇天のいのり」は、豊臣秀吉の命により処刑された26人のカトリック信者を追悼するレリーフ。後にカトリック教会によって聖人と認められたので、二十六聖人といわれます。隣接して建つ、カラフルなモザイクの尖塔が印象的な建物は、レリーフの完成と同時に竣工した聖フィリッポ西坂教会。モダニズム全盛の時代に背を向けて、ガウディなどに傾倒した今井兼次設計の教会堂は、ひときわ異彩を放ちます。

　市内から少し離れますが、長崎市の外洋側を北上した出津の入江には、潜伏キリシタンが切り開いた集落跡や、禁教が解けたあと、出津の村に自活を導いたド・ロ神父（Marc Marie de Rotz、1840年3月27日〜1914年11月7日）の関連施設が遺されています。風雨波浪に耐えられるように屋根を低く施工した出津教会堂は、青空に映える真っ白い漆喰の壁が美しい建物。出津の人々は、今でもド・ロ神父を神様として崇めている人も少なくありません。

　出津から少し北上した山奥には、家康の禁教の時代に外海の人々を導いた伝説の日本人伝道師バスチャンの潜伏地を祀った「バスチャン屋敷跡」があります。跡地に立つ炭焼き小屋は再現されたものですが、深い森の奥に佇む遺構からは、潜伏切支丹の過酷な隠遁状況が偲ばれます。

　大浦天主堂の裏には「祈りの三角地帯」と呼ばれる場所があります。神社、教会堂、寺院、の3つの宗教施設が一堂に会した、まさに長崎らしい光景。

キリスト教関連施設へのアクセス

How to Access

日本二十六聖人殉教地
長崎市西坂町 7−8
聖フィリッポ西坂教会
長崎市西坂町 7−8
中町教会
長崎市中町 1−13
祈りの三角地帯
長崎市相生町 9−8
出津教会
長崎市西出津町 2633
出津救助院
長崎市 西出津町 2696−1
大野教会
長崎市下大野町
黒崎教会
長崎市上黒崎町 26
バスチャン屋敷跡
長崎市 新牧野町 1397−1
馬込教会
長崎市伊王島町 617
神ノ島教会
長崎市神ノ島町 2−148

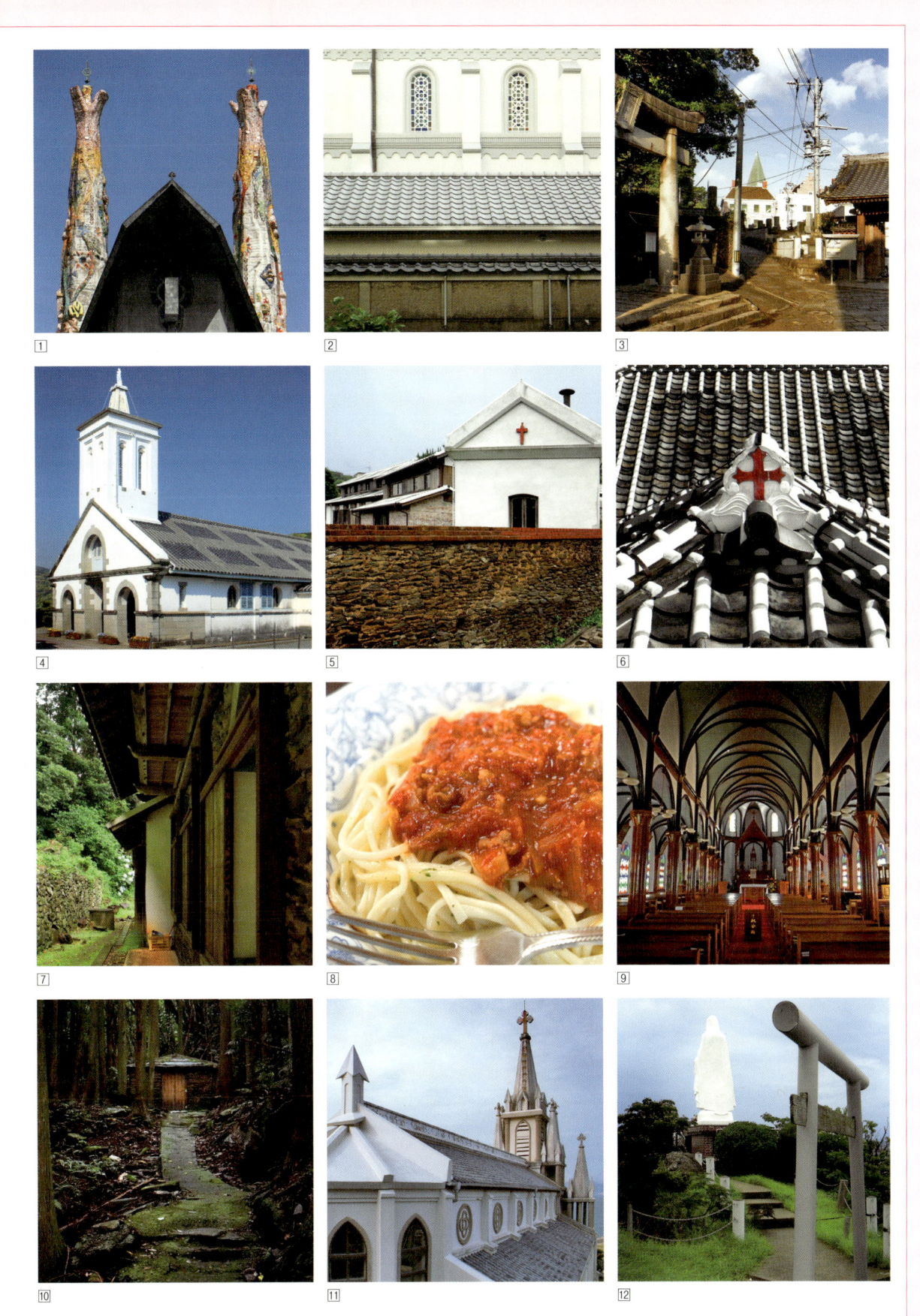

1 ガウディを連想させる尖塔が印象的な西坂教会 2 和洋折衷な中町教会 3 和華蘭の宗教施設が一堂に会した祈りの三角地帯 4 瓦屋根や漆喰の壁など、和風なテイストの出津教会堂 5 ド・ロ壁に囲まれた旧出津救助院。手前の白い建物はマカロニ工場跡 6 美しい救助院の瓦屋根 7 教会の建家とは思えないほど和風な大野教会堂 8 当時のレシピを元に再現して販売されている国内初のスパゲッティ、ド・ロ様パスタ 9 出津の近くにある黒崎教会 10 祈りの場にしていた炭焼き小屋を再現したバスチャン屋敷 11 山田洋次の名画『家族』に映る伊王島の馬込教会 12 鳥居の向こうにマリア様の像が立つ神ノ島教会

異国情緒溢れる唐人屋敷

■ 街を撮ろう

寺院やキリスト教関連の施設以外にも、長崎の街はそこいら中がフォトジェニック。小学校の歴史の教科書に載っているので、その名前を知らない人はおそらくいない出島。長年埋立地の下に埋もれていたのを発掘調査し、跡地に往年の姿を再現。2017年には、唯一の出入口だった表門橋を再生し、ますます当時の形に近づいています。さらに今後も増築して、本来の姿へ近づけていくとか。出島の横に架かる「出島橋」は、1890（明治23）年竣工の、現役最古の道路鉄橋といわれるトラス橋。電飾が点灯するマジックアワーが狙い目です。

出島がオランダ人用の居住地だったのにたいして、中国人の居住地だったのが唐人屋敷。福建会館や媽祖廟など、中国にゆかりの深い廟堂が点在し、さながら福建の街を歩くよう。崖に施工された三階建ての木造建築が並ぶ姿は、トタン張りの壁とあいまって面白い光景です。

長崎には、かつて五大遊廓の1つ、丸山遊廓がありました。江戸の初期から昭和まで、国内で唯一、外国人専用の店も軒を連ねた大規模な遊廓。いまではその面影はほとんどありませんが、7章で紹介した花月のほか、検番やアパートと化した三島屋など、ほんの少し、かつての記憶を今に伝えるものが遺っています。

市内では、川に張り出した建物をよくみかけます。銅座川をはじめ、路面電車の終点の正覚寺下や石橋、唐人屋敷の掘割跡など、斜めの添え木や川底にコンクリートの柱を立てるなどして、建物の張り出した部分を支えています。

路面電車も長崎ならではの光景の1つ。長崎では路面電車を「電鉄」といい、一般鉄道とは違う独特な走行音の電鉄は、音と一緒に楽しみたい風景です。

長崎はネコの街といわれるほど、市内のいたるところでネコちゃんを見ることができます。長崎特有の、尻尾の先が鉤状に曲がった「尾曲がりネコ」を探すのも楽しいでしょう。

思案橋と思切橋

丸山の近くには思案橋と思切橋の二つの橋跡があります。丸山へ行こうか行くまいか「思案」し、その先の思切橋で丸山入りを「思い切った」橋。男のロマンですねぇ～。帰りは見つからないように外へ出る忍び坂もありました。

① これからも再生し続ける出島 ② 出島橋の銘板。創建当時のアルファベットを見ると「でしま」と濁っていないのがわかります ③ マジックアワーの出島橋 ④ 長崎くんちが行われる諏訪神社の河童狛犬 ⑤ 唐人屋敷の中に遺る極端に傾いた金炉 ⑥ 木造の三階建てが並ぶ唐人屋敷 ⑦ 丸山遊郭跡に遺る三島屋の飾り窓 ⑧ 川に張り出した家が並ぶ銅座川 ⑨ 出島の横を通過する電鉄 ⑩ マジックアワーに長崎駅前を走る電鉄 ⑪ 長崎一の歓楽街、思案橋横丁 ⑫ 夕ご飯を待つ銅座のネコ

黒沢永紀（くろさわ・ひさき）

音楽家、長崎市長崎伝習所塾長、オーブロジェクトメンバー。2002年に訪れた軍艦島に感銘を受け、軍艦島伝道師の道を決意。2017年に上梓した『池島全景』（三才ブックス）をきっかけに、ＧＩツアーを企画し、自ら現地ガイドも行っている。著書に『軍艦島全景』（三才ブックス）、『軍艦島入門』（実業之日本社）、『東京ディープツアー』（毎日新聞出版）などがある。

酒井 透（さかい・とおる）

秘境・不思議スポット探険家／写真家。1986年から5年間、写真週刊誌「FOCUS」（新潮社）編集部カメラマン。逮捕直後の宮崎勤をスクープする。著書に『中国Ｂ級スポットおもしろ大全』（新潮社）、『未来世紀 軍艦島』（ミリオン出版）、『軍艦島に行く』（笠倉出版社）、『ニッポンの不思議スポットTHE BEST』（ミリオン出版）などがある。

協力

軍艦島コンシェルジュ、軍艦島デジタルミュージアム、
三井松島リソーシス、三菱重工業株式会社、
長崎国際観光コンベンション協会、
長崎市、近藤秀美、オーブロジェクト
長崎でお世話になったすべての方々

軍艦島 池島 長崎世界遺産の旅

2018年6月30日　初版第1刷発行

文・構成	黒沢永紀
写真	酒井透／黒沢永紀
発行者	山野浩一
発行所	株式会社筑摩書房
	東京都台東区蔵前2-5-3　〒111-8755
	振替　00160-8-4123
デザイン	宮崎貴宏
印刷・製本	凸版印刷株式会社

乱丁・落丁本の場合は下記宛にご送付ください。送料小社負担でお取り替えいたします。
ご注文、お問い合わせも下記へお願いいたします。

筑摩書房サービスセンター
さいたま市北区櫛引町2-604　〒331-8507
電話　048-651-0053